LOS
PANA-ZONA

Luis E. Cubilla

To order additional copies of this book, please contact:
Palibrio
1663 Liberty Drive
Suite 200
Bloomington, IN 47403
Toll Free from the U.S.A 877.407.5847
Toll Free from Mexico 01.800.288.2243
Toll Free from Spain 900.866.949
From other International locations +1.812.671.9757
Fax: 01.812.355.1576
orders@palibrio.com

Dedicatoria

Primero doy Gracias a Dios por todo lo que me ha permitido tener en mi vida, muy en especial mi salud, mi familia, mis hijos, mi esposa, mis familiares y mis amistades, por todo el apoyo, amor y comprension que siempre me han brindado hacienda la publicacion de este libro una hermosa realidad.

A mi gran amigo Erasmo Pinilla y su esposa Melisa de Pinilla quien a traves de los años me han hecho tener una definicion muy especial a la palabra "Amigo" que para mi encierra un mundo de valores y aprecio que sale de lo mas profundo de mi Corazon cuando orgullosamente digo "Amigo".

Finalmente, no se podian quedar afuera de esta dedicatoria todos y cada uno de mis hermanos del pueblo de Santa Cruz en Gamboa, hermanos de crianza, de comunidad, panamenos latinos y panamenos de la raza negra. Jamaicanos y a los imigrantes de las islas del caribe y de centroamerica con que vivimos a diario como una sola familia con mucho respeto, orgullo y comprension, este libro tambien es de ustedes.

Agradecimiento especial a Lydia y Roberto Reed por permitirnos traducir partes de la historia de The Silver People, de The Silver People Chronicle y de The Silver People Heritage Foundation, traduccion con informacion tan real y verdadera de mucho valor, de la historia de The Silver People.

Agradecimiento especial a Emmy Cooper del grupo de directores de gamboareunion.com, a Ronny Sealey del grupo Los Gay Crooners, y a Jose French Jr. por su coperacion.

Datos Sobre El Autor

Luis E. Cubilla (Papy), autor del libro "Los Pana-Zona" nacio en el hospital de Ancon, Antigua zona del canal de Panama, viviendo toda una vida en Santa Cruz en Gamboa zona del canal, debido a circumstancias de la epoca, el cual era uno de los pueblos que los americanos usaban para separar y segregar a todos los que no eran blancos americanos en areas especiales controladas por los americanos blancos. Epoca de racismo total y extricta segregacion.

Luis Enrique Cubilla(Papy) fue uno de los muchos Pana-Zona que lograron convivir en armonia, paz, entendimiento y comprension, con la diversidad de habitants de la raza negra que venian del gran grupo de islas entre norte America y sur America incluyendo Las Antillas, Las Bahamas y Jamaica o de otros paises. Esta comprension era la unica manera de sobrevivir la terrible imposicion de segregacion y racismo,uniendonos todos como una gran familia. De esta manera evitabamos el rechazo entre nosotros por el color o raza o religion, entre los que viviamos ya segregados y marginados por los americanos.

Para identificar a los panamenos que viviamos en las areas de la ex zona del canal de panama, que superamos la epoca de segregacion y racismo, me permito usar el termino **"Pana-Zona"(termino para identificar a los panamenos que vivian en la ex-zona del canal, latinos o de raza negra).**

Tambien deseo aclarar el pensamiento que tenian muchos compatriotas que vivian en la ciudad de panama que pensaban que nosotros los panamenos que viviamos en la zona del Canal eramos personas con muchos privilegios, con mucho dinero y que viviamos con una mentalidad de creernos superior o mejor que nuestros compatriotas de la republica de panama.

Esta creencia jamas fue cierta, puedo asegurar que jamas tuvimos ese sentimiento y que al contrario, el relacionarnos cuando podiamos, el tratarnos y conocernos mas y mas nos ayudaba a entender y querer a nuestros compatriotas, a amar, valorar y querer a nuestra patria, y nos ayudaba a sembrar esa semilla de panameno dentro de nuestros corazones que nos hacia comprender que no habia diferencia entre nuestros compatriotas de la republica con nosotros los panamenos que viviamos en la zona del canal. Eamos iguales, todos eramos panamenos.

Luis Enrique Cubilla S. (Papy) graduado del Instituto Panamericano de la ciudad de Panama en donde conocio a grandes amistades que conserva con mucho aprecio en la actualidad, Los companeros del IPA todos se mantienen muy unidos y en contacto constante

Introduccion

Decidi hacer la publicacion de este libro para honrar el recuerdo de todos los panamenos que viviamos en la antigua zona del canal y a todos los centroamericanos, caribenos, sur America, o de dondequiera que hayan venido a panama a trabajar en la ex zona del canal y que luego se hicieron panamenos, dejando su trabajo, su sudor y sus esfuerzos por lograr una vida decente y honrada en nuestro bello panama, y que en alguna forma lograron tambien influenciar junto con nosotros los latinos y negros panamenos, el avance muy positivo de nuestra cultura y nuestras costumbres de nuestro querido Panama.

Hoy dia doy gracias y guardo en mis recuerdos a todos los panamenos que vivieron en la ex zona del canal y ya no estan con nosotros. A Dios gracias por habernos permitido alojar y recibir en nuestra patria a todos aquellos que llegaron a Panama con las esperanzas de progreso y tener una mejor vida y permitirnos a nosotros los panamenos que viviamos en la ex zona del canal, a comprendernos y tratarnos como amigos y hermanos en forma tan unida que logramos convivir y avanzar juntos, panamenos latinos y de raza negra, con los jamaicanos o de otros lugares del mundo logrando entendernos y convivir en una forma tan unida y compartida, en nuestra cultura y costumbres con la de ellos, llegando a formar una sola familia mixta que luchaba a diario por mantener una buena relacion para poder vivir juntos.

Nosotros, los panamenos latinos y de raza negra que viviamos en la ex zona del canal vivimos muy tristemente la tremenda segregacion y el tremendo racismo existente en la ex zona del canal la cual nos mantenia a todos alejados de la ciudad de panama porque nuestros padres trabajaban en el canal de panama o en las areas y alrededores del canal de panama y solo podian vivir en las areas asignadas a los trabajadores del canal y sus alrededores en la zona del canal.

Pero la lejania y la segregacion no logro debilitarnos a nosotros los panamenos latinos, nuestros deseos de lograr estar en constante contacto con el diario vivir de nuestra patria en la ciudad de panama e interior de la republica. Ademas de lograr formar parte de nuestras escuelas y educacion al igual que los residentes de la ciudad de panama. logramos ese acercamiento. Era muy dificil an aquellos tiempos ir a los colegios en la ciudad, saliendo en buses publico de la zona a las 5AM para regresar a casa alrededor de 8 a 10 horas despues.

Los panamenos de raza negra y muchos de los panamenos latinos que vivian en estas areas de la zona del canal aceptaban las escuelas de las areas asignadas ya que en realidad cumplian con la calidad de ensenanza y personal adecuado muy bien preparado. Era mucho mas facil permanecer en las areas asignadas a los trabajadores no americanos que viajar a diario fuera de las areas asignadas a la ciudad de panama.

Los que ibamos a estudiar a la ciudad de panama no permaneciamos mucho tiempo en la ciudad pues el retorno a casa era imediato al salir de clases en la ciudad asi que los verdaderos vecinos y amigos eran los residentes donde viviamos que eran la diversidad de imigrantes que convivian con nosotros en Santa Cruz de Gamboa en la ex zona del canal siendo la gran mayoria de la raza negra.

La diversidad de residents del area se hicieron nuestros hermanos, nuestros amigos, nuestros vecinos, aprendian nuestro espanol y nuestras costumbres y nosotros aprendiamos de ellos tambien. Era muy importante lograr una comprension total entre todos y cada uno de nosotros.

Hoy dia, el mundo debe saber la tremenda union y respaldo que sentiamos todos los panamenos latinos y negros, jamaicanos o de otros lugares, que viviamos en la ex zona del canal en aquella epoca tan dificil, epoca de segregacion y racismo tan marcado que tuvimos que soportar y que muy inteligentemente entendimos todos, que la unica formula que teniamos para vencer el odio, el racismo y la segregacion de la epoca era la union, entendimiento y comprension, que teniamos que unirnos para vencer el odio. rechazo y diferencias entre nosotros mismos por religion o color para superar aquella imposicion de segregacion y racismo de la epoca.

Para vencer y triunfar sobre la imposicion de segregacion y racismo al estar viviendo junto con los negros jamaicanos o de otros lugares del mundo en las areas de la zona del canal de panama, influyo grandemente la ensenanza de nuestros padres que siempre nos criaron con la fe y vision de que todos eramos iguales ante los ojos del senor, sin importar color de la piel ni la religion de nuestros semejantes. Nuestros semejantes negros jamaicanos o de otros lugares del mundo aprendian nuestro idioma, se entendian con nosotros haciendo nuestra convivencia mucho mas facil y sencilla.

Esta convivencia y entendimiento logro una comprension total entre todos de tal manera que cualquiera de nuestros vecinos negros o latinos podian en cualquier momento llamarle la atencion a cualquier nino o nina negro o latino, de la comunidad para corregirlo en cualquier cosa indebida de un menor o llamar a su padre si estaba al alcanze y enterar al padre de cualquier malacrianza de un menor. La ayuda mutua era dominante entre nosotros los panamemos latinos y de raza negra con los jamaicanos o de otros lugares

2

y el querer y aprecio entre todos era algo que brillaba y nos ayudaba a una buena relacion entre todos y a cada uno de nosotros.

Tal como defino el termino "Pana-Zona" en datos sobre el autor de este libro, me permito seguir usando para la mejor comprension de los lectores. **"Pana-Zona"(termino para identificar a los panamenos que vivian en la ex-zona del canal, latinos o de raza negra).**

Mucho se ha ignorado sobre la presencia y aportacion de los "Pana-Zona" que vivieron en la epoca de la antigua Zona del Canal, y es necesario que se de a conocer a nuestros hermanos panamenos de la ciudad capital y de toda el territorio nacional y a todo el mundo, que no es cierto que solamente habitaban en la ex Zona del Canal, jamaicanos y negros que aportaban al avance de nuestra cultura y economia de Panama.

En el termino "Pana-Zona" incluyo a todos los panamenos nacidos en cualquier territorio de la Republica de Panama incluyendo en la ex-zona del canal de panama ya sean blancos o negros, fueron, son y siempre seran panamenos.

Tambien es necesario dar a conocer las dificultades conque viviamos nosotros, los "Pana-Zona" en la zona del canal y peor era la dificultad de los que eran de raza negra de panama, o de jamaica o negros de otros lugares porque mayor era el maltrato, la indiferencia por ser de color negro. Eramos visto por los americanos blancos como poca cosa de importancia segregados por el color debido a la gran segregacion y racismo que nos impusieron los americanos de la ex zona del canal.

En aquella epoca la vida no era mas facil porque viviamos en la zona del canal, no existian los chinitos con tiendas como en la ciudad de panama donde se podia comprar uno o dos huevos para hacer una torta de huevo que alcanzara para cuatro personas, no se podia comprar dos o tres bistec de carne para la cena, no teniendo que comprar una libra entera, porque no alcanzaba el dinero en el momento. En las areas donde viviamos en la zona del canal comias porque habia o aguantabas hasta que hubiera.

Mi madre(QDEP) tenia que atender a 6 hijos con el poco dinero que ganaba mi padre(QDEP), para que nosotros pudieramos comer. Muchas veces era solo un desayuno con avena para luego no saber a que hora podriamos almorzar o quizas cenar algo liviano.

Mi madre tenia que cocinar para muchos trabajadores del canal para ayudar a pagar la escuela de nosotros, o para comprar algo de ropa, o zapatos. Muchas veces tenia el mismo uniforme o ropa del ano pasado por no poder comprar ropa o uniformes nuevos.

Mi madre tenia que tenir los pantalones con anil del mismo color para que pudieramos usarlos de nuevo otro ano. de la misma manera vivian los jamaicanos, promediando cada familia unos 3 o 4 hijos, luchando por lograr poner la mesa a diario para comer. Muchas veces en mi casa se cocinaba arroz y yo con mi hermano Rolando o con algun amigo nos ibamos a pescar al rio chagres para lograr traer peces a la casa y completer la comida del dia. En los dias libres de mi padre, el tambien se iba a pescar y lograba algunas veces traer a casa un pez enorme llamado sabalo real o pescar buena cantidad de peces que se limpiaban y guardaban para la comida durante la semana.

Hoy dia la Republica de Panama es soberana a todo lo largo y ancho de todo el territorio del istmo de panama. Ya no existe la Zona del Canal que era el area privilegiada de los americanos. Para los miles de panamenos, jamaicanos, caribenos, centroamericanos o suramericanos, que vivieron en esta area antes del ano 2000, era el area de doblegacion, segregacion y racismo en la cual teniamos que vivir soportando la segregacion y racismo de la epoca..

Nosotros, los jovenes de la epoca sabiamos que nuestros padres vivian en la zona del canal, no como un privilegio especial con muchas facilidades sino por necesidad de permanecer en las areas asignadas a los trabajadores de la zona del canal y nunca con los mismos derechos y facilidades de los americanos blancos.

Muchos de los Pana-Zona tenian que ir a las escuelas de Santa Cruz o de Paraiso por no poder hacer los viajes diarios a la ciudad de panama y completaban sus studios en las areas asignadas a los no americanos blancos. Cabe mencionar que la gran cantidad de trabajadores extranjeros que llegaron a trabajas a las areas de la zona del canal eran Jamaicanos o de las islas del caribe y al quedarse a vivir en forma permanente en estas areas tuvieron nuevos hijos, nuevas familias, hubo mexcla de razas con panamenos, que ya nacidos en el istmo de panama eran panamenos. Sin embargo los jamaicanos y demas razas llegados a panama, al tener nuevos hijos o familias en panama, hablaban y cultivaban a sus familias en el idioma ingles.

Lo que si impresionaba en las areas asignadas a todo lo largo de la zona del canal era el aseo y limpieza de todos los edificios, las escuelas, las casas, los campos. Los parques etc. y el mantenimiento de las areas verde era constante. Claro esta que los americanos utilizaban en su gran mayoria a los trabajadores de las areas segregadas para estas limpiezas y aseo dejano claro que estos trabajos no eran para los americanos blancos.

Estudiantes latinos y negros se llevaban muy bien y era muy placentero ver la armonia y amistad que florecia y se mantenia entre latinos y negros en las escuelas y en los pueblos de las areas asignadas para los no americanos blancos..

Habian profesores y maestros latinos y negros los cuales demostraban mucha dedicacion y esmero a su profesion, eran profesionales en sus materias, respetuosos siempre con sus alumnos y en realidad se entregaban del todo a dar lo mejor de si para la asimilacion de los alumnos.

Tambien habia una gran cantidad de Pana-Zona que lograron educarse en las escuelas y colegios de la ciudad de panama incluyendo las universidades. De esta manera se lograba viajar a diario a la ciudad de panama y relacionarse con mas continuidad con los capitalinos. Con mayor frequencia conociamos mas y mas a nuestra gente de la ciudad, del interior de la republica, sabiamos lo alejado que estabamos de la ciudad de panama y cada vez que pudieramos haciamos el viaje a la ciudad para sentirnos dentro de nuestra tierra, visitabamos amigos, visitabamos el interior, nos entendiamos con nuestros companeros de la ciudad de panama.

Nuestros padres, aunque nunca lo decian, sabian que en la zona del canal jamas ibamos a reemplazar a ningun americano. Sabian y luchaban a su manera para educarnos de la mejor forma y si eramos latinos, trataban de educarnos en la ciudad de panama. Sabian de las grandes oportunidades que podriamos tener educandonos en la ciudad de panama en donde siempre imperaba la igualdad de clases sin racismo y sin segregacion.

Igual de importante era la educacion de los padres con hijos de la raza negra, la educacion y preparacion que se daba en las escuelas de Santa Cruz en Gamboa y en Paraiso u otra areas segregada en la zona del canal, era muy buena y preferian mantener a sus hijos en estas escuelas por la dificultad de los viajes a diario a la ciudad pero mayormente porque las clases y ensenanzas eran en su mayoria en ingles y la gran mayoria de asistentes eran de la raza negra y la gran mayoria usaban el ingles en sus casas como su lenguaje natural.

Con ese apoyo total de nuestros padres, una gran mayoria de los "Pana-Zona" latinos logramos ser educados en la ciudad de panama y a traves de sus universidades y colegios, logramos aportar nuestra educacion, nuestras creencias, nuestras costumbres, amamos nuestra musica, nuestras profesiones y nuestro bello panama.

La emocion y entusiasmo de acudir a nuestras escuelas y colegios en la ciudad de panama era una tremenda experiencia tan linda y abrazadora de todos los que logramos educarnos en la ciudad de panama.

En la ex Zona del Canal viviamos muchos panamenos latinos y de la raza negra que llegamos a ser un ejemplo enorme como hermanos, amigos, companeros, de todos aquellos que vivian junto con nosotros en la comunidad de Santa Cruz de Gambos. Teniamos una gran hermandad y comprension con todos los residentes en nuestra comunidad y con todos los que llegaban de otras razas o lugares fuera de panama a vivir en nuestra comunidad.

Aprendimos a vivir en union y afrentamos todos los retos y discriminacion de que fuimos objeto por la segregacion y racismo a que fuimos sometidos por tantos anos, la cual lo que hizo esta segregacion y racismo fue lograr que la gran variedad de razas que viviamos en las areas de la ex zona del canal de panama, nos unieramos, todos en uno y uno en todos logrando asi todo el respeto, querer y aprecio de todos los que viviamos en la ex zona del canal sin importer raza ni color para vivir en total comprension y armonia.

Esa tremenda hermandad y comprension la logramos los Pana-Zona que le dimos siempre toda nuestra ayuda, todo nuestro apoyo y toda nuestra comprension a todos los residentes de nuestra comunidad sin importer color, raza ni religion y a todos los que llegaban nuevos a nuestra area sin importer su procedencia, los tratabamos a todos como iguales, como hermanos como panamenos.

Hoy dia si nos encontramos con algunos de nuestros antiguos vecinos o algun amigo que vivieron junto con nosotros en aquella epoca, nos llenamos de una inmensa alegria el poder abrazarnos y recordar aquellos tiempos en que viviamos como una sola inmensa familia, sin resentimientos entre nosotros, con mucho amor entre nosotros, sin importer raza ni color de piel, era una hermosa convivencia que estaba dentro de todos los Pana-Zona y en todos los que viviamos en las areas segregadas de la zona del canal de panama.

Cada vez que nos reunimos con nuestros amigos y hermanos de nuestras vivencias, siempre, nos recordamos de los viejos tiempos dando Gracias a Dios haber sobrevivido y superado la epoca de racismo y segregacion aunque con mucho dolor y sufrimiento..

Entre todos nosotros los "Pana-Zona" aportamos a nuestra patria Doctores, Profesores, Maestros. Arquitectos, Ingenieros, Enfermeras, Licenciados, Economistas, Agronomos, Sicologos, Abogados, Pastores, Monjas, Artistas, musicos y una gran cantidad de profesionales tecnicos.

Que era la Zona del Canal de Panama

La zona del canal de panama era el terreno y el area de construccion y sus alrededores donde se construia el canal de panama. Durante la construccion del canal, la propiedad del territorio del canal fue cambiando mientras se avanzaba en la construccion, la que en algun momento era colombiana luego francesa, termino en manos de los americanos los cuales siguieron administrando el canal y los alrededores de la Zona del Canal de Panama hasta que los tratados Torrijos-Carter de 1977 provieron por la entrega de todo ese territotio y alrededores a la Republica de Panama.

Despues de un periodo de control y administracion unido entre Panama y los americanos, el control, manejo y administracion del canal fue regresado al gobierrno de Panama en 1999 y hoy dia es administrado y operado totalmente por la autoridades de la Republica de Panama.

Terminado la construccion del canal de panama, los Estados Unidos mantuvo en su poder esta franja de tierra que atravesaba el istmo de panama a todo lo largo del canal de aproximadamente 50 millas. Esta franja de tierra, ocupada por los Estados Unidos a lo largo del istmo, dividio el area del canal de panama en dos partes, el area del canal de panama administrada y gobernada por los americanos con leyes americanas y el resto siguio siendo territorio totalmente panameno gobernado por los panamenos.

 Esta division del territorio panameno en dos partes por los Estados Unidos causaba una gran tension y preocupacion a los panamenos por la intromision de los Estados Unidos en el territorio y soberania nacional de Panama que nos impedia aplicar nuestras leyes y soberania a traves de todo el territorio nacional de Panama. Los residentes de la Zona del Canal eran en su gran mayoria ciudadanos americanos blancos, pero tambien habia una gran cantidad de panamenos y una diversidad de otras razas no americanas, Jamaicanos, Afro-Antillanos y Negros Africanos, quienes trabajaban en la zona del canal

Vista de la construccion del canal de panama foto de pixabay

Quienes Vivian en la Zona del Canal
(traduccion de The Silver people chronicle)

En los terrenos de la Zona del Canal de Panama Vivian los trabajadores del Canal de Panama y los trabajadores de las areas del canal de propiedad Americana. El pueblo de Santa Cruz ya existia antes que el pueblo de Gamboa, el cual se construyo cerca del pueblo de Santa Cruz.

Tres millas mas arriba estaba el pueblo de Las Cruces, donde viajeros del siglo 19 cargaban y descargaban su preciosa carga para luego seguir por tierra a traves del camino de Las Cruces en mulas. Despues de la terminacion del ferrocaril de Panama, el ferrocaril corria cerca del area de construccion del canal, pero no hacia paradas y no existia ningun mapa con los nombres de Santa Cruz o Gamboa.

El pueblo actual de Gamboa fue construido en 1911 durante la construccion del canal de panama. Gamboa es el nombre en español de un árbol frutal de la familia de los membrillos. Inicialmente los pobladores eran Afro-Antillanos denominados "Silver Roll" (Afro Antillanos y otras razas no americanas y no blancos),

No hay nada escrito sobre Gamboa y Santa Cruz y aunque no aparece nada sobre el pueblo de Santa Cruz, todo parece indicar que los trabajadores y sus dependientes del canal de panama fueron ubicados en el nuevo pueblo de Gamboa. Estos primeros habitantes eran aproximadamente 700, y previamente habian vivido en las areas de construccion del canal entre los desaparecidos pueblos de Tabernilla y Gorgona, los cuales fueron cubiertos por el lago gatun a medida que la construccion del canal avanzaba. No habia un solo americano entre los primeros pobladores del pueblo de Gamboa. Es asombroso ver como no hay nada escrito sobre el pueblo ya existente de Santa Cruz Hay uno que otro mapa donde aparece el nombre de Santa Cruz sin mayor detalle sobre su creacion o existencia,

La gente denominados "Silver people" (gente de plata) fueron los primeros imigrantes de la Zona del Canal. Jamaicanos, negros del caribe, negros antillanos, y negros africanos fueron quienes originalmente fueron contratados para trabajar en el ferrocaril panameno y mas tarde en el canal de Panama en la Republica de Panama. El grupo original de hombres "Silver" eran hombres de la isla de Jamaica. Luego, sin embargo, despues de la quiebra desastrosa de bancarota de la compania Francesa del Canal que comenzo la construccion del canal, la mayoria de los trabajadores contratados serian de la isla de Barbados y de las pequenas islas de los alrededores. Luego serian tambien contratados centroamericanos, suramericanos, panamenos y de otras nacionalidades blancos o negros no americanos.

La gente "Silver" o los primeros imigrantes, como eran conocidos por la gente de habla espanol, han dejado una marca inborrable en la historia y la cultura como tambien en la economia de la moderna nacion de nuestro Panama. Tambien dejaron una marca vital en el pais, su sangre, por haber muerto muchisimos trabajadores de gente "Silver" del oeste en los anos freneticos de construccion unos por enfermedades tropicales, otros por malaria, otros por fiebre amarrilla, otros por accidentes que no podian evitarse en el area de trabajo.

Sin embargo, a traves de todos los trabajos y los problemas. Los trabajadores y sus familias, criaron y tomaron su tiempo para crear una cultura y una sociedad que se distinguia y vibraba, una mezcla nueva de gente "Silver" del oeste a la cultura panamena la cual nosotros aceptamos y conservamos. Su musica, lenguaje, religion, cualidades culinarias, literatura e historia aun se ven y se siente hoy dia en las calles, en las caras y en el caracter de Panama.

El termino de "Silver" y "Gold Roll" viene del sistema implementado por los administradores americanos de la Zona del Canal y fue impuesto por el gobierno anericano desde el comienzo de lo que historicamente se conoce como La Era de Construccion Americana del Area de la Zona del Canal de Panama que se mantuvo de 1904-1914.

El sistema de segregacion racista de los Estados Unidos se convirtio en la fundacion para la sociedad de la Zona del Canal de Panama hasta que fue eliminada en los anos de los sesentas.

 Los americanos blancos Vivian en el pueblo de Gamboa y todo los que no eran blancos americanos tenian que vivir en el pueblo de Santa Cruz en Gamboa. Juntos y revueltos pero lejos de los blancos americanos por el racismo y segregacion.

Desde los dias de la construccion del ferrocaril y durante el periodo Frances, el sistema de planillas de pago separadas y la separacion de las razas, se convirtieron en un fenomeno implantado al llegar la segunda ola de gente "Silver" en la primera decada del giro al siglo XX. La separacion de razas era una practica ya establecida.

El sistema "Gold Roll" (Americanos blancos) gozaba de todos los privilegios y amenidades que el sistema ofrecia. Por supuesto gozaban de pago mucho mas alto, s mas grande con mas espacio y facilidades para la familia, escuelas excelentes con muy buen equipo interno para sus hijos, mejor nutricion, mejor cuidado para la salud, entretenimiento casi gratis y facilidades de recreacion y generalmente mejor calidad de vida.

Otros beneficios que eran muy importantes para los americanos era el permiso por enfermedad para viajar y permiso para ir a casa que incluia pasajes de ida y vuelta totalmente pagados para los dias feriados mientras que sus trabajos eran guardados y protejidos en la Zona. Aunque algunos negros y otros miembros no americanos tenian privilegios de esta clase especial pero sus salarios eran muy inferior y a una escala mas baja y se les negaba ciertos beneficios, tales como especialmente por enfermedad y para salir y regresar a trabajar.

Para el "Silver Roll", fueran latinos panamenos o negros del area o de distintas razas, todo aspecto de sus vidas era segregada y generalmente inferior en calidad a la ofrecida a los miembros de la clase privilegiada de los trabajadores del "Gold Roll". Las areas separadas de los blancos se convertian en pequenas ciudades que se mantenian en su zona exclusiva. Todas estas reglas y politica comenzaron a convertitse en una realidad, tan pronto como el ejercito de gente "Silver" y negros del oeste habian dado el todo para limpiar la selva y asegurar la mayoria del area que hacia la Zona del area del canal apta para la habitacion humana.

Para los bravos y valientes trabajadores de gente "Silver" quienes habian sido los pioneros y la columna fuerte de toda la preparacion del dificil terreno para la construccion del canal, comenzaba la nueva era de demarcacion de la estructura de las clases, los cambios drasticos que pronto siguieron los harian a ellos entrar en una experiencia totalmente depresiva. Pronto se darian cuenta que sus suenos y esperanzas de lograr un avance professional estaba totalmente truncado.

A pesar de las objecciones y quejas, inclusive de los jefes de departamentos blancos que valoraban sus muy competentes y habiles trabajadores negros, comenzo la masiva degradacion por los miles. Asi se establecio la fundacion para la clase "Silver" y "Gold" y a pesar de los muchos tropiezos que le ponian a esta clase "Silver", lograron gozar de periodos de prosperidad y crecimiento y al mismo tiempo lograron el nacer de una nueva cultura, historia y literature en su Nuevo hogar, la Zona del Canal de la Republica de Panama. No fue hasta que la division de Dragas del canal fue trasladada a Gamboa, que el pueblo de Gamboa logro ser importante, en 1936. No habia ni una parada para el ferrocaril hasta 1911. No habia ningun Gamboa durante el periodo de la Colonia Espanola, pero ya existia el pueblo de Santa Cruz, la cual los historiadores creen que pudo haber sido un lugar para descargar barcos en crecidas del rio.

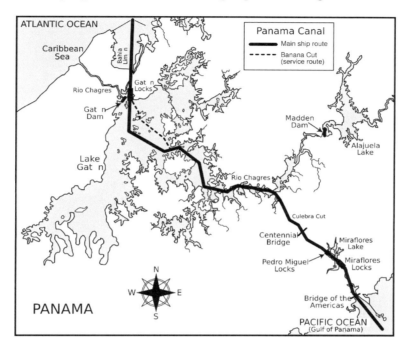

Mapa tomado de pixabay

En este mapa de la ruta para el canal de Panama podemos observar que no existia el pueblo de Gamboa, tampoco se ve el pueblo de Santa Cruz pero si se aprecia el pueblo de Paraiso y Pedro Miguel que existian para acomodar a los trabajadores del ferrocarril y luego a los trabajadores de la zona del canal.

La Compania del Canal de Panama traslado su division de dragas del pueblo de Paraiso a Gamboa en 1936. Todo parece indicar que las primeras familias de la Division de Dragas que se mudaron al pueblo de Gamboa y los que se sumaron al pueblo de Santa Cruz en Gamboa fueron 10 americanos blancos en Gamboa y 241 gente "Silver", no americanos entre panamenos, jamaicanos, antillanos, caribenos, centroamericanos y negros africanos en el pueblo de Santa Cruz, en Gamboa, en Septiembre de 1936. En un ano, la poblacion brinco a 3,853 habitantes, pero no esta claro cuantos habitantes eran de Gamboa y cuantos era el total en Santa Cruz en Gamboa.

Como Era La Vida En Santa Cruz De Gamboa

Foto tomada de Gamboareunion.com…se repite mas adelante

En esta foto de 1975 del pueblo de Santa Cruz ya habian demolido muchas de las casas del pueblo de Santa Cruz. Hacemos enfasis en que este era el pueblo de Santa Cruz en Gamboa y no el pueblo de Gamboa en Gamboa. El pueblo de Santa Cruz era unica y exclusivamente para los residentes que los americanos denominaban "Gente Silver" (solo para aquel que no fuera ciudadano Americano blanco). Era la era de segregacion y racismo fuertemente impuesto por los americanos blancos.

Santa Cruz Gamboa en los anos 50's a 60's se muestra la ubicacion exacta de las casas y su numero correspondiente en la Zona del Canal. Observese la Division de Dragas donde trabajaban la mayoria de los residentes de Santa Cruz.(foto de Gamboareunion.com)

He anadido la numerous originals de las casas que existian en ese tiempo..

Aunque Gamboa y Santa Cruz estan localizadas en una de las curvas agudas del rio Chagres en el punto donde alimenta el Lago Gatun, al sur de Gamboa y Santa Cruz, el Lago Gatun y el rio Chagres se unen en el Corte de Culebra (Corte Gaillard) donde el canal corta a traves de la Division Continental.

Aunque Gamboa y Santa Cruz estan mas cerca al lado Pacifico de Panama, su alimentacion de agua esta en el lado Atlantico. Un Puente de hierro y Madera de una sola via cruza el Chagres y es la unica carretera que da acceso a Gamboa y Santa Cruz. Este Puente aun esta en uso hoy dia.

Foto de Gamboareunion.com

Puente de Hierro y Madera que permite el acceso a Gamboa y Santa Cruz por tierra y a la division de dragas del del canal de panama.

Mientras los residentes de Gamboa(los ciudadanos americanos blancos) tenian para el uso exclusivo de ellos centro civico, piscina, iglesias, escuela, gimnasio, teatro, clubhouse, club y campo de golf, en la parte mas elevada de Gamboa desde donde se podia ver la majestuosidad del rio Chagres.

Para mantener fuera de las areas de los americanos blancos se imponia una fuerte y recia segregacion e imperaba fuertemente el racismo contra los latinos y negros y para mantener esta segregacion y racismo fuera de las areas exclusivas para los americanos blancos, tambien construyeron en las areas de latinos y negros y de otras razas, escuela, iglesia, teatro, clubhouse..

Para que los segregados y latinos y negros se pudieran surtir y adquirir comida y tener correspondencia, todo edificio publico donde acudian los latinos y negros deberian tener puertas y acceso separado para los blancos americanos y puertas y acceso separado para los latinos y negros.

 De esta manera el comisariato de compras de viveres y vestimentas tenia una entrada y salida exclusivamente para blancos americanos y una entrada diferente para el uso exclusive de latinos y negros.

Igual era el edificio para el correo, el dispensario medico, el uso del tren, en donde jamas se permitia la mezcla de los americanos blancos con los latinos y negros. En la iglesia catolica, el edificio tenia dos escaleras de acceso, la de la izquierda era para los blancos americanos y la escalera de la derecha era para el uso de lo latinos y negros. En el interior de la iglesia, los americanos blancos se sentaban todos en las bancas de la izquierda y los latinos y negros se tenian que sentar en las bancas de la derecha.

Yo de pequeno iba a la iglesia aun no entendia porque ese sentimiento de superioridad tan marcada se sentia de parte de los americanos blancos que a pesar de estar en la iglesia no ocultaban sus sentimientos y rechazo hacia nosotros los latinos y los negros. Los americanos blancos se sentaban todos en las bancas a la izquierda del altar y no miraban jamas hacia las bancas ubicadas a la derecha del altar porque esa era el area donde se sentaban los negros y latinos. Los americanos siempre entraban a la iglesia catolica por las escaleras del lado izquierdo y los latinos y negros solamente por las escaleras al lado derecho.

Solamente se menciona en la historia de los pueblos de la Zona del Canal a Gamboa porque era el nombre del pueblo de los americanos blancos donde no se permitia que estuvieran los que no eran americanos blancos. Los panamenos, latinos y negros, jamaicanos, antillano, africano o centroamericano y todo aquel que no fuera americano blanco vivian en la comunidad de Santa Cruz en Gamboa separados de los blancos.

No todos los de Santa Cruz en Gamboa trabajaban para la Division de Dragas. debido a lo alejado que estaba Gamboa de los demas pueblos de la Zona del Canal.

Gamboa era visto como menos deseables que los otros pueblos en la zona y la asignacion de casas se daba por antiguedad de servicios. Las nuevas familias de los americanos se acomodaban primero en Gamboa mientras lograban antiguedad para luego irse a otros pueblos mas cercanos a otras areas con mas poblaciones de americanos blancos.

Poco se hablaba o se conocia de los residentes panamenos o extranjeros que vivian a lo largo y alrededores de la Zona del Canal porque los americanos eran los que controlaban y manejaban la Zona del Canal con sus propias reglas y autoridades, distintas a las leyes panamenas, ignorando por completo a todo aquel que no fuera ciudadano Americano, tratandolos como simple peones y se les permitia vivir en el area de la Zona del Canal, alejados y separados del area de los americanos, pero nunca mezclados con los americanos.

Eramos los residents de la Zona del Canal de Panama que no eran ciudadanos americanos, eramos panamenos latinos y de la raza negra, Jamaicanos, centroamericanos, africanos y muchos de otra raza que permanecieron trabajando en el area del Canal de Panama. La comunicacion que se daba en la Zona del Canal era exclusivamente sobre los acontecimientos relacionados con el area canalera de la Zona del Canal de Panama y exclusivamente sobre las comunidades o los residentes Americanos, denominadas areas "Gold Roll".

Existian otras comunidades en el area de la Zona del Canal de Panama, denominadas "Silver Roll", pero comunidades totalmente separadas de los ciudadanos americanos y del area donde vivian los americanos, para todo aquel que no era ciudadano Americano y no se permitia estar en las areas de los residentes americanos. Existian las comunidades que se denominaban "Silver Roll" en Santa Cruz en Gamboa, al norte de Santa Cruz estaba Paraiso, Pedro Miguel, Red Tank, La Boca.

SIn embargo, como panameno latino, me lleno de orgullo al poder confirmar y declarar que haber vivido en carne propia, junto a los negros, jamaicanos, africanos, centroamericanos y suramericanos, nos unio a todos en una verdadera armonia de familia en donde existia el amor, comprension, unidad, respeto sin importar el color o religion de todos los que viviamos en Santa Cruz de Gamboa o en las areas "Silver Roll", con el tremendo orgullo de sentirnos panamenos todos sin importar raza ni color. Viviamos en un rechazo terrible de parte de los americanos y con un racismo bien marcado y definido que no logro vencer las ensenanzas de nuestros padres de que ante los ojos del senor todos somos iguales.

Viendonos en la necesidad de convivir juntos latinos y negros panamenos con los de la raza negra de los Jamaicanos o de otros lugares, cada dia que pasaba era un paso mas de acercamiento y comprension que nos unia mas y mas y nacia ese gran entendimiento entre todos nosotros que nos hacia vivir como Dios manda, como hermanos, como semejantes, como iguales que no nos preocupabamos por el color o religion de buestros vecinos.

Abundaban los letreros y senales indicando la prohibicion de acceso o de nadar en las playas dentro de las areas de la zona del canal porque eran solamente para el uso de los empleados blancos americanos del canal.

Tambien indicaban el uso exclusive de las areas de los americanos como solo para ellos, los americanos las cuales tenian el proposito de amedrentar a todo aquel que no fuera blanco Americano a que solo se mantuvieran en su area donde Vivian.

Yo naci el 21 de Agosto de 1943 en el hospital Gorgas en Ancon, Zona del Canal, que operaba bajo las leyes y reglamentos de los Estados Unidos de America en la cual la autoridad mas alta era el Gobernador de la Zona del canal y mis padres Vivian en la comunidad de Santa Cruz en Gamboa, Zona del Canal. Mi padre trabajaba en el canal desde hace muchos anos y mi madre era ama de casa y ayudaba con los gastos de la casa cocinando para algunos trabajadores del canal que vivian en Santa Cruz en Gamboa.

En Santa Cruz en Gamboa, viviamos muchos panamenos latinos y negros, jamaicanos, centroamericanos, caribenos, y de muchos otros lugares muy Integrados a la comunidad de Santa Cruz viviendo juntos, pero siempre con el debido respeto y aprecio entre todos logrando una feliz convivencia. Nosotros viviamos en la casa #316 apartamento G, arriba de nosotros en el apartamento A primero estaban los Amantine, familia de raza negra muy decentes, honestos, con mas de 4 hijos.

La mama era de apodo Solita y el padre de nombre Joe que eran como nuestros padres, al igual que los demas residents de la casa #316.

Despues llegaron los Hinds, George y Maggie, el senor Skeet y su esposa vivian en el apartamento al lado de nosotros. El senor Skeeth(QDEP) se levantaba de lunes a viernes a las 4AM y bajaba de su casa a las 5AM en punto, a darle la vuelta entera a nuestra manzana. desde su casa hasta el clubhouse que estaba en el extreme opuesto cruzaba la calle y regresaba por la calle de enfrente dando la vuelta hasta regresar a su casa, pitando su silbato de arbitro bien duro y muy alto, para despertar a todos los que tenian que pararse temprano para ir a trabajar y asi evitar que se quedaran dormidos o que llegaran tarde. Tambien estaban los Sealey.

En la escalera del medio estaban arriba los Truick, eran 3 o 4 hermanos, todos mayores que yo, todos muy respetuosos, y a su derecha vivia la Sra, Kelly con su hijo pequeno Felipe. Abajo vivian los Jimenez, latinos, con su hija Elena que iba al colegio San Vicente en la ciudad, al mudarse ellos llegaron los Icaza, latinos, con sus dos hijas Annie y Mayra, Mayra se graduo de enfermera en la Universidad de panama y Annie se graduo de la Universidad de panama en Administracion de Empresas.

Al lado de los Icaza Vivian los Cummings, la Sra. Teresa(QDEP) y su esposo el senor Wesley(QDEP) con sus hijos Zeb, Selmo, Karel, Dnello que eran como nuestros hermanos, nos llevabamos de maravilla.

En la escalera del lado derecho estaban los Welch, recuerdo mucho a Charles que nos cuidaba a los mas chicos, Charles llego a ser uno de los mejores lanzadores de todos los tiempos en Panama de Soft-ball, le apodaban "Fideo" por lo Delgado que era. Abajo en el apartamento L Vivian los Centeno, latinos. la Sra. Chen y el senor Herbert Marshall, y sus hijos Ruben y Gloria. Ruben llego a ser uno de mis mejores amigos, andabamos muchas veces juntos como hermanos de verdad.

Mi familia eramos un total de ocho personas, en los años 1950's, cuatro hermanas, dos varones, papa y mama. mis padres se divorciaron, mi madre volvio a casarse y tuvo 2 hijos mas, 1 varon y una hembra, Nos llevabamos a la maravilla, y eramos muy unidos. Eramos muy pobres y recuerdo como mi madre "Chava" tenia que cocinar a diario para proveer el almuerzo a una docena de trabajadores de la division de dragas del canal.

Mi padre((QDEP) "Mateo", trabajaba tambien en la division de dragas del canal en Gamboa en el remolcador San Pablo y tambien trabajaba como chef del gobernador de la zona del canal, teniendo que estar de viaje muchas veces con el equipo de trabajo del gobernador. A pesar de que eramos pobres, mis padres lograron educar a mis dos hermanas mayores, Gladys y Lydia en el Instituto Panamericano en la ciudad de panama, colegio privado donde Gladys se graduo con un puesto de honor logrando ser becada a Mount Union College en Ohio, Estados Unidos. Gladys logro la maestria en Administracion de Empresas.

Un ano mas tarde mi hermana Lydia tambien se graduo del Instrituto Panamericano siguiendo estudios universitarios en la Universidad de panama especializandose en contabilidad.

Luego seguia mi hermana Luz Eneyda quien hizo su primaria en la escuela primaria de los americanos y al terminar sexto grado fue matriculada en la ciudad de Panama en donde tuvo que volver a hacer sexto grado por llegar de escuela Americana para adaptarse al cambio de Ingles a espanol. Luz Eneyda al ser promovida a primer ano en la ciudad de panama, fue ingresada al Instituto Nacional donde termino el primer ciclo y fue trasladada al Liceo de Senoritas en la ciudad de panama donde se graduo de secundaris. Luego ingreso en la Universidad de Panama graduandose de Arquitecta.

Yo, tuve la oportunidad de poder asistir a la escuela primaria de los americanos de Gamboa al igual que mi hermana Luz Eneyda, Gamboa Elementary School, Esta escuela era solamente para ciudadanos americanos pero mi hermana y yo cursamos nuestra primaria en este colegio Americano y tuvimos que hacer el sexto grado nuevamente en la ciudad de panama por venir de colrgio Americano en donde todas las materias eran en ingles para acoplarnos al idioma espanol de las escuelas en la ciudad de panama.

De izq a derecha. Luz E. Cubilla(Luchy), Lidya E. Cubilla(Chita), Mirna L. Cubilla(Mina), Luis E. Cubilla(Papy),
Oscar A. Agueda(Beto), Gladys M. Cubilla(Gladys), sentados en el piso: Rolando A. Cubilla(Lalo), Sandra I. Agueda(Sandra)

De izquierda a derecha, Luz E. Cubilla de Jethmal(Luchy), Lydia E. Cubilla(Chita)Mirna A. Cubilla de Lau(Mina), Luis E. Cubilla(Papy), Oscar A, Agueda(Beto), Gladys M. Cubilla(Gladys), Rolando A. Cubilla(Lalo), Sandra I. Agueda(Sandra)

Todas las clases eran en Ingles y se hablaba unica y exclusivamente en Ingles. Al terminar mi Primaria, fui trasladado a la escuela primaria Republica del Peru donde al igual que mi hermana Luz Eneyda tuve que volver a hacer el sexto grado por completo para poder dominar las ensenanzas en el idioma espanol.

Eescuela Primaria Elemental de Gamboa en el area de los americanos en Gamboa,Zona del Canal en el ano 1959.

Durante toda nuestro vivir en Santa Cruz en Gamboa, duranta las vacaciones siempre viajabamos a la finca de mi abuelo(QDEP) en el interior de la ciudad de panama ubicada en Lidice o a el volcan en chiriqui en donde gozabamos del ambiente campestre con ganado, criaderos de pollo, porquerizas inclusive caballos. Disfrutabamos la caminadas descalzos para ir al rio a buscar agua al pozo para la cocina y aseo diario, mi abuelo ordenaba las vacas a las 6AM y enseguida tomabamos leche calientita en totumas hechas de calabazas. Las frutas crecian de todas clases y comiamos libremente mientras que mi madre hacia una pesada de nance en una tula grande la cual despues comiamos con queso blanco. Siempre amabamos nuestra patria y todas las riquezas que nos proveia cada vez que pudierramos salir de Santa Cruz de Gamboa.

 Mis dos hermanos menores, Rolando y Mirna lograron hacer todos sus estudios primarios, secundarios y universitarios en la ciudad de panama Rolando se graduo de secundaria en el Instituto Panamericano y termino sus studios universitarios en la Universidad de panama graduandose de Licenciado en Administracion de Empresas y Mirna hizo su secondaria en el colegio La Profesional y al graduarse ingreso a la Universidad de panama graduandose de Contadora Publica Autorizada con especializacion en Administracion de Empresas.

En aquellos tiempos, la mayoria de las casas de la comunidad de Santa Cruz eran de dos niveles levantadas del piso por columnas de cemento de 12 pies de alto y el area debajo de las casas era de tierra. Las casas eran para 12 familias cada una, con tres secciones cada una y cada seccion eran para cuatro familias, accesibles a traves de un juego de escaleras para cada seccion. Asi eran habitadas por 12 familias, en cada seccion dos en el Segundo piso y dos en el primer piso, total de 12 familias en cada casa.

Foto de gamboareunion.com Aqui se aprecia como eran las casas del sector de "Church Square" en Santa Cruz de Gamboa, que era el sector donde vivia mi familia.

Mis grandes y gratos recuerdos de Santa Cruz en Gamboa Zona del canal, era de un pueblo mixto de latinos, jamaicanos, negros antillanos, negros africanos, centroanericanos, suramericanos y del caribe que viviamos todos juntos e unidos, ensenados por nuestros padres a querer y amar a nuestro projimo como nuestros hermanos y hermanas sin importer el color ni lugar de procedencia.

la mayoria de los residentes de Santa Cruiz iban a la primaria de Santa Cruz. aunque habia unos cuantos latinos que desde la primaria fueron a colegios en la ciudad de Panama como Beto Labrador, Julio Cisneros, los Navarro, Victor Mite, Elena Jimenez, Nelson Gonzalez(QDEP), Matias Solis y algunos mas,

Creci teniendo la Amistad, el respeto y el carino de mis companeros americanos de escuela y al regresar a mi casa en el area de Santa Cruz, sentia el mismo carino. amistad y respeto por mis amigos, vecinos y hermanos en Santa Cruz, latinos y negros.

Cuando no era dia de clases, desde temprano en la manana bajaba a jugar con mis amigos de Santa Cruz, latinos y negros, siempre unidos sin importar el color, divirtiendonos jugando bajo las diferentes casas. A veces nos ibamos de pesca en el canal o en el rio Chagres, o nadabamos en el canal y en el rio Chagres, o nos ibamos al puente de Gamboa y nos tirabamos desde lo alto del puente al rio Chagres, o cruzabamos a pie el puente de Gamboa para treparnos en los arboles de mango y comer todo lo que quisieramos hasta quedar llenos luego bajar y regresar. Comiamos todos los mangos que nos lleneban y jamas cogiamos mas mangos que lo que podiamos comer, no se desperdiciaba la rica fruta.

Teniamos una gran armonia entre todos nosotros latinos y negros o Jamaicanos. Aveces ibamos Ruben Centeno, Tony Jones, Beto Labrador, Timmy Allen(QDEP), Albert Barber, Beto Garbutt(QDEP), Pepe Villalta, Chicho Vitola(QDEP), Julio Cisneros, Junior Amantine, Emilio Cooper, Chunks Truick, yo(Papy Cubilla), en diferentes grupos, siempre gozando la naturaleza pura del ambiente de Santa Cruz en Gamboa.

Otras veces nos ibamos caminando al otro lado del Puente donde vivia nuestro amigo Valentin Long en Obispo, que era como una selva en la ciudad en donde a veces ibamos de caceria de venados o neques o Conejos o zainos y si la caceria era buena asabamos las carnes atras de la casa de Valentin donde tumbabamos palmas que al abrirlas por el centro, tenian vino de palma que tomabamos con carrizos, apartando con la mano los gusanos blancos, naturales' del vino de palma. A veces nos ibamos de caceria de iguanas lograbamos atrapar de 15 a 20 iguanas llenas de huevos, las que luego vendiamos en Santa Cruz a $1.50 cada una.

Puente de Gamboa foto de gamboareunion.com

A veces me encontraba con algun amigo de escuela Americano y nos ibamos a la piscina a nadar, o al gimnasio a jugar baloncesto o nos ibamos a jugar beisbol en el cuadro de pelota Americano.

A medida que iba creciendo, me daba cuenta de como el racismo estaba tan presente en el sentimiento de los padres de mis amigos americanos y no tan profundo en sus hijos. En Gamboa, del lado Americano, no querian ver a latinos ni negros en las areas de sus viviendas. Siempre recuerdo a mis amigos americanos que estuvieron conmigo en primaria en la escuela Americana y que no tenian resentimientos contra latinos y negros tales como Jerry Crawford, Harvey Watkins y su familia, Paul Bell, Earl Mullings, Gary y Kenny Anderson, Robert Christensen, William Cofer, Bobby Dunn(RIP), Kent Mapp. Etc.

En mi pueblo de Santa Cruz en Gamboa, los americanos jamas se interesaron en que formaramos parte de la historia de los residentes de los pueblos de la Zona del Canal porque todo aquel que no fuera Americano y que no fuera blanco no deberia tener ninguna importancia ni mucho menos incluirnos en la historia de la Zona del Canal de Panama.

Nosotros todos sabiamos de la gran desigualdad y desprecio conque eramos tratados por los americanos, muy en especial si eras de color negro, el desprecio era mayor. Sabiamos que nuestro padres, nuestros vecinos, tenian muchas veces que sentir y vivir la humillacion y rechazo de los americanos blancos.

Rolando A. Cubilla (Lalo) hermano de Luis E. Cubilla (Papy) Pana-Zona muy unidos y muy queridos en la comunidad de Santa Cruz en Gamboa. siempre decian que el amor y querer que se siente por un amigo o una persona se siente por su trato, su querer y en la sinceridad y calor en su Corazon y no en el color de su piel ni en su religion,... Y ASI VIVIAN EN SANTA CRUZ.

De izq a der Pana-Zona Alfredo Coco, Victor Cisneros, Luis (Papy) Cubilla, Papo (QDEP) Salamanca, Rick Bonnick, Emilio Rivera, Alcides Howard, de lado Evaristo Batista

De izq a der de pie Alfredo Coco, Luis E(Papy) Cubilla, Ricky Bonnick, Rolando Ruiz, sentados Valentin Long, Papo Salamanca(QDEP)

A continuacion se muestra los apellidos de todos los residentes del pueblo de Santa Cruz con el numero de casa y apartamento donde vivian panamenos y negros de diversas razas.

Hacemos la aclaracion de que los nombres que se muestran son lo mas acertados posible en su escritura a las personas que eran los residentes en la decada de los anos 50. En Santa Cruz habian bastante traslados y mudanzas de los residentes asi que era frequente que la rotacion de los residentes fuera muy a menudo.

Pedimos disculpas por los errores existentes mencionados aclarando que habran diferencias en los nombres que aparecen y tambien en el apartamento debido a estos cambios y mudanzas.

En las casas donde vivian latinos, senalamos y detallamos los nombres de todos en la Familia ya que el proposito de este libro es senalar y aplaudir a todos los Pana-Zona en El pueblo de Santa Cruz en Gamboa en la zona del canal. A la misma vez tambien senalamos el apellido de todos los residentes panamenos de la raza negra y Jamaicanos y de otras lugares que vivian en Santa Cruz en gamboa durante los anos de los 50.

Aqui volvemos a mostrar la foto de el pueblo de Santa Cruz con el numero que tenia cada casa en 1950 para su facil ubicacion y referencia.

Ubicacion de casas en Santa Cruz en Gamboa y nombres de todos los residentes pero detallando a los latinos.

CASA #300

APT A	APT B	APT C	APT D	APT E	APT F
Peterkin	Montero	Bells	Morrell	Wilson	Sinclair
	Ali(QDEP), Tona, Patro, Anel				

APT G	APT H	APT I	APT J	APT K	APT L
Mannings	Collins	Ponds	Hawkins	Perkins	Brown

CASA #301

APT A	APT B	APT C	APT D	APT E	APT F
Innis	Flores	Barners	Small	Montgomery	Morris

APT G	APT H	APT I	APT J	APT K	APT L
Williams	Phillips	Rodriguez		Martinez	Albeo

CASA #302

APT A	APT B	APT C	APT D	APT E	APT F
James		Rodriguez		Primus	Walls

Apt G	Apt H	Apt I	Apt J	Apt K	Apt L
				Harris	Grahan

CASA #303

APT A	APT B	APT C	APT D	APT E	APT F
Stanford	Mullings	Pacheco	Edwards	Francis	Grants
		Pio(+) Jap(+) Varon(+)\ Nubia(+) Fulo			

APT G	APT H	APT I	APT J	APT K	APT L
Blackman	Muillings	Yearwoods	Wade	Padmore	Small

CASA #304

APT A	APT B	APT C	APT D	APT E	APT F
Warren	Scott	White	Belgrave	Moran	Garnica
				Roberto, Calin	

APT G	APT H	APT I	APT J	APT K	APT L
		Cummings		Howard	Russell

CASA #305

APT A	APT B	APT C	APT D	APT E	APT F
Mussa	Woods	Grants	Winter	Prescott	Walls
					Torre

APT G	APT H	APT I	APT J	APT K	APT L
Vargas		Powell	Grahams	Dunn	Sqire
Elena, Colombia, Meli Omar				Mera Carmen Gloria, Nelson(+)	

CASA #306

APT A	APT B	APT C	APT D	APT E	APT F
Daniels	Dover	Melendez	Ford	Gooding	Boston
			Navarro Eira Mellizos		

APT G	APT H	APT I	APT J	APT K	APT L
Brown	Pasquale	Bovell	Flatt	Salsmanca	Beckford
				Papo (+)	

CASA #307

APT A	APT B	APT C	APT D	APT E	APT F
Bellamy		Ruiz	Pinzon	Joseph	
		Fito, Mellie, hermana, Tato, Pulga	Cucho, M amy, hermana		

APT G	APT H	APT I	APT J	APT K	APT L
		Gibbs	Sainten	Drew	

CASA #308

APT A	APT B	APT C	APT D	APT E	APT F
Whittaker		Sainten	Ara	Brown	

APT G	APT H	APT I	APT J	APT K	APT L
Chambers		Wilsom		Welch	

CASA #309

APT A	APT B	APT C	APT D	APT E	APT F
		Benneyy	Howell	Chambers	Bennocks

APT G	APT H	APT I	APT J	APT K	APT L
		Rickets		Moore	

CASA #310

APT A	APT B	APT C	APT D	APT E	APT F
Jordans		Battleshield		Vialtas	Holders

APT G	APT H	APT I	APT J	APT K	APT L
Bonnick		Cooper		Harris	

CASA #311

APT A	APT B	APT C	APT D	APT E	APT F
Stewart	Lucas	Pacheco		Best	

APT G	APT H	APT I	APT J	APT K	APT L
Wade	Burnette	Jones			

CASA #312

APT A	APT B	APT C	APT D	APT E	APT F
Sobers	Husband	Campbell	Gillette	Williams	Barber

APT G	APT H	APT I	APT J	APT K	APT L
Morgan	Albeo	Romero	Glenmarie	Green	
	Rosa, Pipa. Damian, hermana	Tilin, hermana			

CASA #313

APT A	APT B	APT C	APT D	APT E	APT F
Laurie	Worrell	Pinnocks		Farley	

APT G	APT H	APT I	APT J	APT K	APT L
Buddill		Shawn	Joseph	Butcher	

CASA #314

APT A	APT B	APT C	APT D	APT E	APT F
Baxter	Griffith	Powell	Ford	Nunez	Leach

APT G	APT H	APT I	APT J	APT K	APT L
Peterkin	Ferguson	King	Oltons	Elliot	Morales
					Senio, Aku

CASA #315

APT A	APT B	APT C	APT D	APT E	APT F
Jordan	Shan	Benitez	Bryan	Broom	Small

APT G	APT H	APT I	APT J	APT K	APT L
Scott	Wallace	Grant		Miller	Lawrence

CASA #316

APT A	APT B	APT C	APT D	APT E	APT F
Fairleys	Amantine	Truick	Kelly	Welch	
Hinds	Sealey				

APT G	APT H	APT I	APT J	APT K	APT L
Cubilla	Mr & Mrs Skeet	Jimeez/ Icaza	Cummings		Centeno
Gladys, Chita, Mina Luchy, Papy, Lalo	(RIP)	Elena Mayra, Annie			Gloria, Ruben

CASA #317

APT A	APT B	APT C	APT D	APT E	APT F
Garbutt	Archibold	Garcia	Mite	Joshua	Ara
		Cachito	Yinda, Victor, America Bobby		

APT G	APT H	APT I	APT J	APT K	APT L
Barber	Jones	Wade	StLouise	Gonzalez	Pen Guard
				Carlos, Cabezon	Senten

CASA #318

APT A	APT B	APT C	APT D	APT E	APT F
Amantine	Roberts	Allen	Daniels	Kings	Websters

APT G	APT H	APT I	APT J	APT K	APT L
Mitchell	Myrie	Josiah	Jones	Howard	Grants

CASA #319

APT A	APT B	APT C	APT D	APT E	APT F
Millet	Peterkin	Holmes	Campbell	Jorda	Fergus

APT G	APT H	APT I	APT J	APT K	APT L
Bryan	Creques	Weeks	Scott	Tate	Dyer

CASA #324

APT A	APT B	APT C	APT D	APT E	APT F
Edwards	Brown	Rayburns	Osorio	Bowen	Bennett

APT G	APT H	APT I	APT J	APT K	APT L
Williams	Ford	McKenzie	Sealey	Camerom	Phillips

CASA #325

APT A	APT B	APT C	APT D	APT E	APT F
Savery	Perez	Armstrong	Nicholas	Elliot	Mcfarlane

APT G	APT H	APT I	APT J	APT K	APT L
Joseph	Lindsey	Patricio	Hawkins	Pattenger	
		Mickey			

CASA #326

APT A	APT B	APT C	APT D	APT E	APT F
Townsend	Bryan	Cumberbatch		Barber	Salazar

APT G	APT H	APT I	APT J	APT K	APT L
Romero	Salazar			Stevensom	Walters

CASA #327

APT A	APT B	APT C	APT D	APT E	APT F
Evelyn		Rodriguez	Jones	Johnson	Joshua
		Meco, Tono Carlina			

APT G	APT H	APT I	APT J	APT K	APT L
Howad		Holness		McFarlane	Stuart
Alcides Amalia Inelda					

CASA #328

APT A	APT B	APT C	APT D	APT E	APT F
Woodcocks	Green	Georges	Clark	Bents	Burns

APT G	APT H	APT I	APT J	APT K	APT L
Goode	Roselyn	GAZEITE	Ramsey	Ashby	Scott/ Burns

CASA #329 was the church

CASA #330

APT A	APT B	APT C	APT D	APT E	APT F
Small	Miles	Julies	Battelfield	Beckford	Creque
APT G	APT H	APT I	APT J	APT K	APT L
Anthony	McKay	McFarlane	Cunninghams	Albeo	Melendez
	Eduardo, Fidel Amada			Rosa, Pipa, Damian	Ezequiel. Pablo

CASA #331

APT A	APT B	APT C	APT D	APT E	APT F
Laurie	Thomas	Joshua		Robinson	Small

APT G	APT H	APT I	APT J	APT K	APT L
Johns	Blackman	Hinojosa	Gomez	Stephens	Jules
	Fuentes Hermelinda Eddie	Chichi(RIP) Emilio, Tony	Dario, Julia		

CASA #285

APT A	APT B	APT C	APT D	APT E	APT F
Cox	Stennett	Nurse	Sealey	Myrie	Burton

APT G	APT H	APT I	APT J	APT K	APT L
Arroyo	Mahon	Salky	Shawn	Labrador	Butcher
Hernan Delfina				Beto, Rolando, Miguel,Chena Marcos,Pedro Carmen	

CASA #286

APT A	APT B	APT C	APT D	APT E	APT F
Butcher	Sainten	Bovell	McFarlane	Perry	Small

APT G	APT H	APT I	APT J	APT K	APT L
Hunts	Chambers	Jones	McDonalds	Cisnero	Perez
				Tito Julio	Yolanda Aristides Macy

CASA #287

APT A	APT B	APT C	APT D	APT E	APT F
Butcher	Bramwell	Scott	Holder	Newbold	Wilson

APT G	APT H	APT I	APT J	APT K	APT L
Innis	Thomas	Sealey	Hawkins	French	M oreno
					Manuel Delfina

CASA #280

APT A	APT B	APT C	APT D	APT E	APT F
Hunt	Walker	Davidson	Hurdle	Samoson	Winter

APT G	APT H	APT I	APT J	APT K	APT L
Wilson	Duncans	Cain	Eunice	Cooper	Evelyn

CASA #281

APT A	APT B	APT C	APT D	APT E	APT F

APT G	APT H	APT I	APT J	APT K	APT L

CASA #282

APT A	APT B	APT C	APT D	APT E	APT F
Holness	Critchlow	Miller	Lawrence	Sealey	Oltons

APT G	APT H	APT I	APT J	APT K	APT L
Long	Bennett	Meyer	Gordon	Carew	Hope

CASA #275

APT A	APT B	APT C	APT D	APT E	APT F
Garnica	Sealey	Romero	Foster	Paris	Alleyne

APT G	APT H	APT I	APT J	APT K	APT L
Blanchard	Brathwaite	Pinnocks	Wade	Cox	Thompson

CASA #276

APT A	APT B	APT C	APT D	APT E	APT F
Todds	Scotts	Blades	Coco	Jarvid	Eastmond

APT G	APT H	APT I	APT J	APT K	APT L
Richards	Mead	Wade	Caesar	Nurse	James

CASA #271

APT A	APT B	APT C	APT D	APT E	APT F
Villalta	Elliotts	Robinson	Jackson	Sealey	Figueroa
					Sonia

APT G	APT H	APT I	APT J	APT K	APT L
Martin	Bynoe	Bowen	Glasgoe	Buckner	Lloyds

CASA #272

APT A	APT B	APT C	APT D	APT E	APT F
Cooper	Fergus	Hinds	Adams	Headleys	Williams

APT G	APT H	APT I	APT J	APT K	APT L
Malcolm	Barrett	Walters	Bellafontes	Chase	Stultz

CASA #273

APT A	APT B	APT C	APT D	APT E	APT F
Green	Goddard	Richards	Grants	Woods	Buckner

APT G	APT H	APT I	APT J	APT K	APT L
Grants	Lawrence	Chase	Garretts	Lloyds	Moreno
					Pilar Yolanda

CASA #274

APT A	APT B	APT C	APT D	APT E	APT F
Holder	Nelson	Mahoney	Powell	Osavio	Rodriguez

APT G	APT H	APT I	APT J	APT K	APT L
Maynard	Alfaro	Julian	Sprause	Medric	Shaws

En el pueblo de Santa Cruz, los residentes se destacaban en deportes como el beisbol, basketbol, pista y campo, salto largo, tennis, futbol, musica, soft-ball, maratones, etc. Haciamos deporte con los equipos siendo mixtos de latinos y jamaicanos.

Es necesario mencionar a los panamenos de la raza negra que se destacaban en Santa Cruz en Gamboa en educacion, deportes o musica en esta dura epoca de racismo y segregacion. Teniamos al grupo musical de Los **Gay Crooners**, grupo musical famoso compuesto por residentes de Santa Cruz y Paraiso que logro fama Internacional.

Yo logre participar en una audicion patrocinada por los Gay Crooners que a veces se hacian en los pasillos de cualquiera de las casas y la gente escuchaban a los participantes en las calles a traves de microfonos Instalados hacia la calle. Los Gay Crooners daban sus ideas y permitian la formacion de grupos que querian probar suerte a ver si clasificaban. Mi grupo, sin nombre, eramos 5, Timmy Allen(RIP), Tony Jones, Albert Barber, Beto Garbutt(RIP), y yo(Papy Cubilla). Cantamos "ABC of Love", fuimos aplaudidos pero no clasificamos.

Los Gay Crooners

De izquierda a derecha: Rudolph "Lefty" Charles, Ferdinand "Ferdie" Thompson, Leroy Worrell, David Campbell(Fundados y lider), Randolph "Renny" Sealey(Voz principal)

Los Gay Crooners eran jovenes que estaban decididos a ser alguien importante en sus vidas, aun cuando el sistema de Servicio Civil de la Zona del Canal les negaba la oportunidad de trabajar. Eran de una generacion y edad que en esos momentos habian pocas oportunidades de trabajo en la Zona del Canal. Vivian con sus padres que eran ya trabajadores en la Zona del Canal. Las leyes en esos tiempos limitaban el tiempo y edad que permitia que los dependientes de los trabajadores de la Zona del Canal vivieran con sus padres. Este grupo de jovenes creyeron en los suenos de su director, David Campbell y confiaron en el y siguieron su fe y esperanza. Tuvieron y mantuvieron su fe en el talento personal de cada uno y a finales de los anos 50's y a comienzo de los 60's triunfaron en Centro America, Mexico y Europa… logrando fama internacional.

Sin embargo, es necesario mencionar a Ronny Sealey como muy especial y destacado en el deporte de pista y campo. Por muchos anos fue el velocista mas rapido del area y ganaba todas las carreras en el colegio y en competencias locales o inter-colegial. Ronny Se destaco y triunfo con Los Gay Crooners y nuestro pueblo lo echo mucho de menos cuando salio en busca de la fama.

Rod Carew (Segunda base/Primera base)

En realidad nacio en un tren en Gatun camino a Santa Cruz en Gamboa,

El pelotero famoso **Rodney Carew,** era de Santa Cruz de Gamboa, siete veces campeon bate en las grandes ligas por Los Angelinos de California, era amigo de todos los residents de Santa Cruz. Jugabamos beisbol en el estadio de Santa Cruz y jugaba para la cuadra de su sector donde vivia. Cuando le tocaba a mi equipo jugar contra el equipo de Rodney, yo lanzaba muy bien, pero cada vez que bateaba Carew, ponia la pelota encima del clubhouse con tremendo poder. era imposible ponchar a Carew.

Muchas veces jugabamos nuflu abriendo un hueco en la tierra abajo de las casas y teniamos que tirar un punado de bolas (canicas) alejados del hueco en la tierra, mas o menos a cuatro pies de distancia. El que lograba meter mas cantidad de bolas en el hueco en la tierra resultaba el ganador y ganaba todas las bolas que entraban al hueco, siempre me ganaba porque tenia buena punteria. Desde muy temprano sabiamos que Rodney iria bien lejos como jugador de beisbol.

Carew tambien jugo en el béisbol latinoamericano. Jugo en dos temporadas con el equipo Tigres de Aragua en los campeonatos profesionales de Venezuela 1971-1972. Además de haber sido mánager y jugador al mismo tiempo en la primera de esas campañas, alcanzó el título de Campeon Bate .

Entro al Salón de la Fama en 1991 y ha sido uno de los mejores bateadores del béisbol mayor ganando siete titulos en la Liga Americana, todos con los Mellizos de Minnesota; cuatro veces líder en porcentaje de embasado, tres por hits conectados, dos por triples y en una ocasión en el renglón de carreras anotadas.

Finalizó su carrera de 19 años en Grandes Ligas con 3.053 hits (vigésimo tercero entre todos los jugadores en la historia) y promedio de por vida de .328. Novato del Año en la temporada de 1967 y Jugador Más Valioso en 1977. Seleccionado para 18 Juegos de Estrellas. El principal estadio de béisbol de Ciudad de Panamá lleva su nombre.

Rennie Stennett (Segunda base)

Rennie nacio en la ciudad de colon y luego sus padres lograron trabajar en las areas del canal de panama y se mudaron a Santa Cruz en Gamboa. Jugó 11 temporadas en Grandes Ligas, nueve de ellas con los Piratas de Pittsburgh y dos con los Gigantes de San Francisco. Bateó 1.239 hits, incluyendo 177 dobles, 41 triples y 41 jonrones, lo cual indica que fue un bateador de líneas con mucha velocidad. Su promedio ofensivo de por vida quedó en .274. Renaldo, su verdadero nombre, participó en cuatro series de campeonato de la Liga Nacional (1972, 1974, 1975 y 1979) y formó parte del equipo de los Piratas que ganó la Serie Mundial de 1979 sobre los Orioles de Baltimore

Rennie Stennett era una de los mejores segunda base de los 1970's. Rennie podia corer, fildiar y podia y sabia batear. El 16 de Septiembre de 1975, bateo de 7 veces al bate, bateo 7 hits en un juego de 9 espisodios. Los Piratas le ganaron a los cachorros 22 a 0.

Rennie Stennett se quebro la pierna derecha en el tobillo deslizandose en segunda base, en ese momento su promedio de bateo era de .336. eso fue todo para esa temporada y termino siendo el final de su carrera en 1979. Era candidate fuerte para el salon de la fama como segunda base, pero esto le afecto muchisimo.

EMMY COOPER

Sus estudios primarios los hizo en la primaria elemental Santa Cruz de Gamboa. Hizo sus studios secundarios en el Colegio de Paraiso graduandose en 1962. Emmy fue becado a la Universidad de Oakwood en Huntsville, Alabama. Se enlisto en las Fuerza Aerea de los Estados Unidos llegando a ser Capitan en la fuerza Aerea de los Estados Unidos y al regresar se graduo de Rutgers y regreso a la vida civil. Emmy se unio al personal de administracion de varias corporaciones americanas muy prominentes tales como Johnson & Johnson y Pepsi-Cola. La sociedad de Bienes Raices Gregory & Cooper marco un gran paso en el negocio de venta de bienes raices, y esta carrera incluia trabajos con companies de hipoteca PHH y mas reciente con Bienes Raices Victory a la fecha de hoy. Su vida personal y professional ha sido y aun sigue alimentandose de su formacion y crecimiento en Santa Cruz en Gamboa. Emmy tenia un carisma muy especial para ganar amistades.

En Santa Cruz de Gamboa, siempre habia un entendimiento de amistad y querer entre todos los residentes sin impotar credo ni color. Mis amigos mas allegados eran Francisco Vitola (Chicho QDEP), Timmy Allen (QDEP), Tony Jones(Boneheah), Albert Barber, Beto Garbutt(QDEP), Ruben Centeno, Humberto Labrador(Beto), Rafael Villalta(Pepe), Valentin Long, Julio Cisneros, Larry Cox, Matias Solis, los Pacheco, Rolando y Tato(QDEP) Ruiz, Rick Bonnick, Cucho, Meco(QDEP), etc. Mis amigos me apodaban "Cuba" por apocope de Cubilla y en casa me decian "Papy".

Teniamos en Santa Cruz deportes sanos y competitivos, se demostraba la gran agilidad fisica que tenian los negros y jamaicanos de Santa Cruz, se formaban ligas de baloncesto, beisbol, pista y campo, habian torneos y competencias entre Paraiso y Santa Cruz, el ambiente siempre era sano y sabroso al aire libre.

Viviamos alegremente, disfrutando el aire puro y natural del ambiente, a veces se formaban grupos de amigos mixtos de latinos y negros, nunca habia peleas entre nosotros, nos queriamos y nos ayudabamos los unos a los otros en lo que fuera necesario. La juventud de la epoca se mantenia siempre en el rango de sus edades y siempre existia el aprecio y querer entre todos y cada uno de nosotros.

Todos nos conociamos, nos hablabamos, me acuerdo de muchos nombres y apodos como Lincoln, Leo, Reegles, Charles Welch, Butch Millet, los hermanos Small, Mitch, Flattop, bulldog, Delano, Lulu, Makee, Pempe, Gregg, Karel, Danello, Ponpon, Happy, Emmy, Thyra, Cathleen, Leroy, Larry Cox, Ramon Davidson, Jose French Jr., DaCosta, West, Stennett, Blackman, Jako, Roy, Chunks Truick, Carew y muchisimos mas al igual que Ramiro, Ernesto, Marcos, Mollin, Makiu, Valentin, Pepe, Tono, Matias, Beto, Migue, Chena, Marcos, Dicky Burns, Julio, Tito, Jaime, Nelson, Moran, Gloria, Carmen, Pipa, Damian, los Pacheco, y realmente la lista seria sin fin porque me acuerdo de todos y cada uno de ellos viviendo juntos Y siempre con mucho respeto y estimacion.

El profesor de Educacion Fisica era el senor **Jose French**, muy respetado, querido y apreciado por todos en la comunidad de Santa Cruz y muy conocido en todos los pueblos de las areas asignadas a los no americanos de la zona del canal.

Foto tomada de Gamboareunion.com

El Sr. Jose French se dice que tenia ojos de aguila, siempre estaba atento, no se le escapaba un dato, siempre atento con la juventud del momento, siempre llevaba una sonrisa en su rostro que reflejaba felicidad y amor por el trabajo que hacia. Era guia, consejero, professor, ejemplo para todos en Santa Cruz. Latinos o negros o jamaicanos, no importaba el color ni religion, el siempre estaba listo a ensenar, dirigir, asesorar, aconsejar a todos en la comunidad en Santa Cruz.

Yo jugaba beisbol como torpedero, tercera base y a veces lanzaba, recuerdo que Rodney Carew cada vez que bateaba ponia la bola fuera del cuadro de juego y muchas veces caia la bola encima del clubhouse de Santa Cruz, no habia forma de poncharlo.

Tuvimos la oportunidad de alternar y jugar en diferentes equipos donde se destacaban algunos nombres que recuerdo y otros solo sus apodos tales como Aku Morales, Philpots, Anselmo Cummings, flattop, fulo Pacheco, Charles Welch, Chippy Barber Blackman, Rennie Stennett, Rodney Carew, Dacosta Wilson, Albert Barber, Tito Phillips(QDEP), Ali Montero(QDEP), Bambino, los hermanos Small, Delano Myles, Reegles, y muchos mas que se me escapan de la mente.

Yo logre destacarme en la zona del canal jugando beisbol en las ligas de los americanos. En las pequenas liga jugabamos en Balboa y yo era el unico latino en el equipo de los americanos en las pequenas ligas. A la edad de diez anos jugaba en el equipo Lincoln Life como lanzador. Las temporadas eran de 12 juegos y participaban alrededor de 12 equipos.

Arrodillado de derecha a izquierda el Segundo es Luis Enrique Cubilla

Equipo Lincoln Life de las pequenas ligas de los americanos en Balboa

Solo me acuerdo del director del equipo Mr. Englekee.

Ya en mi adolecencia, alrededor de los 15 a 20 anos, a pesar que ya iba a colegios en la ciudad de panama, logre formar parte del equipo de beisbol de Balboa y jugaba beisbol semi-profesional triple-A en Balboa y en Cristubal como tercera base y tambien jugaba soft-ball a nivel de competitive llegando a formar parte de la selrccion de beisbol y bola suave de la Caja de Seguro Social. Otro panameno que logro formar parte de este equipo triple-A fue Victor Cisneros que jugaba primera base.

Santa Cruz de Gamboa tambien fue cuna de latinos panamenos que lograron ser muy importantes en su crecer y educacion y que contribuian al avance y desarrollo de la comunidad mixta de Santa Cruz de Gamboa por la formacion que nuetros padres nos inculcaron en nuetra crianza, destacando siempre el respeto, amor y comprension de todos y cada uno de los residents de Santa Cruz de Gamboa hacia cada uno sin importer color ni raza. Siempre fuimos muy unidos.

Para seguir los estudios secundarios mis padres me matricularon en la escuela Republica del Peru en la ciudad de panama en donde tuve que volver a hacer el sexto grado porque la confusion de haber estudiado en Ingles y ahora tener que estudiar en espanol fue grande.

Para ir a la escuela en la ciudad de Panama teniamos que leventarnos a las 5 de la manana y viajar en los buses que tenian la ruta Panama, Gamboa, Panama operada por los administradores de la Zona del Canal, los choferes de estos buses eran en su mayoria panamenos, latinos, negros y Jamaicanos de la ciudad de panama.

 El viaje a la ciudad de Panama tomaba alrededor de una hora ida y otra hora el regreso, haciendo paradas en Gamboa y Paraiso y a todo lo largo de la ida y regreso a Panama. Asi logre asimilar y entender mejor mi espanol logrando terminar mi sexto grado en la ciudad de Panama. Mi madre logro matricularme en el Instituto Nacional de Panama en primer ano en donde llegue a comenzar a entender el sentimiento anti-americano que existia contra los americanos en la Zona del Canal de Panama.

Seguia confirmando que nosotros, los panamenos viviendo en la Zona del Canal, no teniamos ningun acceso a las noticias de Panama porque los unicos diarios y noticias que se daban en Santa Cruz de Gamboa eran a traves de las noticias dadas por los americanos.

En el instituto nacional de panama donde cursaba mi educacion de secundaria me acostumbraba ya al sistema de colegio publico. Los profesores eran muy versados en sus respectivas materias, estrictos y exigentes en la atencion y aprendizaje de sus materias. Era un mundo totalmente diferente estar en la ciudad de panama en sus escueelas, el sentirse libre, el sentirse uno apreciado y querido.

En la ciudad de Panama se sentia el espiritu de libertad, de apreciacion de nuestros semejantes, se escuchaba nuestras voces, podiamos opinar y criticar sin miedo a ser castigado o reprendido, se sentia el aire libre para todos, esa gran experiencia de comprobar que realmente eramos un pais sin represalias por ser de color negro me llenaba de una gran alegria y emocion.

La clase de Educacion Fisica era una de mis preferidas por amor al futbol y tenia activa participacion en las ligas internas del colegio. Me fascinaba ver, entender y participar en las discusiones de el sentir estudiantil por la intromission de los americanos en nuestro istmo, en nuestra patria.

Lamentaba no poder quedarme despues de las horas de clases en la ciudad porque tenia que regresar a casa o perderia el transporte de regreso y las salidas de los buses a gamboa eran a veces bien demoradas. Asi, logre avanzar hasta cuarto ano en el Instituto Nacional logrando tener grandes amigos como Oyden Ortega, Victor Pinzon, Alfredo Junca, Rafael Sanchez, Raul Varela, Francisco Reyes, Generoso simons, Didimo Rios, Carlos Vega, Roberto Cedeno. Luis Vergara, Juan Sanjur, Luis Veces, Roberto Vernier, Luis Garcia, Manuel Faundes, todos jovenes orgullosos de estar en el nido de aguilas ansiosos por graduarse y servirle a la patria.

En el Instituto Nacional se abria un mundo enorme de conocimientos de amor y libertad por muestra patria tan querida. Mis companeros del instituto me buscaban y agradecian toda ayuda que yo les daba gustosamente en las clases de lngles. materia en la que me eximia y me agradaba muchisimo ayudar a mis companeros.

Al terminar el primer ciclo o sea los primeros tres anos de secundaria, pasaba a la fase de segundo ciclo o sea al cuarto ano de secundaria. La mayoria de mis companeros del Instituto Nacional en la actualidad son muy buenos doctores y abogados.

Curse mi cuarto ano pero no segui en el Instituto Nacional porque me fascinaban los aviones a propulsion que atraian mi atencion cada dia que iba al colegio y pasaba por el frente de la base aerea de albrook Logre la ayuda de mi madre y logre ingresar en la escuela de las Americas para estudiar mecanica de aviacion.

Al graduarme de Las Escuelas de las Americas como Mecanico de Aviacion de Instrumentos de Aviones ya no me sentia motivado a seguir en busca de trabajo en esa esa profesion y como siempre, mi madre insistia en buscar un buen colegio en la ciudad de panama, siendo siempre su preferencia el mismo colegio donde se graduaron mis hermanas, el Instityuto Panamericano. Mis dos hermanas mayors ya se habian graduado con muy buenos resultados asi que volvia a las madrugadas a las 5 de la manana para asistir a clases viajando en buses de la zona y realizando trasborde a busitos de Rio Abajo para llegar al IPA.

Al ser matriculado en el Instituto Panamericano en la ciudad de Panama en 1962 ya entraba yo en otra clase de conocimiento de amistades nuevas, distintas, en su forma de ser en un colegio privado, todos listos a ayudar Y guiarme y recibia el apoyo de todos mis nuevos companeros. Mi ventaja en este colegio era el Idioma ingles pues yo lo dominaba totalmente y era de mi uso diario. Me acostumbraba a este Nuevo ambiente y hice muy buenas amigoa como Jorge See, Guillermo Viloria, Irene See, Victor Basiles

Luis Santamaria(QDEP), Ezequiel Mata, Carlos Shaik, Gilberto Pomares, Diana Arosemena, Carlos Arosemena, Juan Campos, Rogelio Singh(QDEP), Mariano Chu, Roko Setka y muchos mas, todos excelentes companeros y yo notaba La gran diferencia de este ambiente en la cual todo era muy bueno menos en una materia que no aprobe y tuve que hacer el ano de Nuevo.

Al reprobar el ano, conocia nuevas amistades y companeros que me hacian ver la solidez de la amistad y el querer y aprecio de las nuevas amistades como Enrique Diamond, Raymond Smith, Cesar Espinosa, Roberto Chung, Eduardo Lange, Don Cruz, Ricardo Guillen, Ricardo Medina, Antonio Castro, Francisco Castro, y muchos mas que realmente mostraban siempre un aprecio y querer tremendo que es lo que yo saque en conclusion que los estudiantes del IPA han sido, son y siempre seran personas muy especiales en su modo de querer y apreciar a sus semejantes, son de las personas mas sinceras y tratables que he conocido y siempre estan alli listos para coperar o ayudar como fuera necesario.

Tuve el honor de ser escogido como caballero de la reina Aracelly Deleon y mi dama era Marisol Villa.

Amigos y companeros del Instituto Panamericano que brindaron su apoyo y Amistad y que en la actualidad siempre siguen en contacto y reuniones amistosas.

Durante los recreos se organizaban las comparsas de apoyo a las candidatas a reina y nos paseabamos brincando por todos los pasillos del colegio cantando Y brincando para hacerle propaganda a nuestras candidatas a reina.

Recuerdo que en uno de esos saltos y brincadera de repente me dio un fuerte dolor por el estomago tan fuerte que no podia enderezarme para caminar. Me hize a un lado del grupo y el dolor era tan fuerte que tuve que pedir permiso para irme a mi casa. No recuerdo como pude subirme a un busito de Rio Abajo para llegar a la terminal de los buses de la zona para regresar a Gamboa.

Pero finalmente llego a Santa Cruz en Gamboa no pude bajar del bus y mi padre tuvo que subir al bus y me cargo llevandome de imediato al dispensario medico en donde el doctor zenzer me diagnostico peritonitis aguda y me envio de emergencia al hospital Gorgas en la ambulancia. Yo No tenia la menor idea de lo grave que estaba. Mi operacion fue imediata y un exito total y tres dias despues me visitaban la mayoria de mis companeros del IPA junto con la profesora Miriam Pinilla de estudios sociales, muchos llorando pero muy contentos por mi recuperacion.

Me gradue del IPA el 15 de enero de 1965 de Perito Mercantil con Especializacion en Contabilidad. Muy contento y satisfecho de que a pesar de vivir apartado y segregado en la zona del canal, jamas deje de amar a mi bello panama y jamas deje de estar actualizado con el acontecer nacional cada vez que iba a la ciudad. El haber llegado a la ciudad para mi educacion pude mientras estaba en el instituto nacional y tambien en el IPA tener grandes amistades que me invitaban al interior de nuestra republica y asi crecio mas y mas mi amor y respeto por mi panama.

Del Instituto Panamericano, siempre en mis recuerdos la tremenda armonia y comprension y apoyo rercibido siempre hasta el dia de hoy a Raymond Smith, Guillermo Viloris, Jorge See, Carlos Montero, Ezequiel Mata, Carlos Shaik, Diana arosemena, Aracelly DeLeon, Carlos Mata, Victor Basiles, Enrique Diamond, Cesar Espinosa, Rogelio Altamiranda, Francisco Castro, Antonio Castro, Ricardo Guillen, Roberto Chung, Francisco Mola, siendo la lista inmensa….amistades de verdad.

De pequeno mi padre me llevaba mucho a el volcan en Chiriqui a visitor mis abuelos, yo gozaba de estos viajes al clima fresco del volcan, ayudaba a mi abuela a reunir las vacas para ordenarlas, ayudaba a alimentar los puercos y las gallinas y cada vez apreciaba mas la belleza de mi patria. Ya a medida que crecia viajaba mas por el interios de panama logrando conocer a todas las provincias de panama y una gran cantidad de los pueblos del interior como La Chorrera, Bejuco, Chame, Nata, Chitre, Los Santos, Las Tablas.Santiago, Rio de Jesus, Puerto Muti, Puerto Armuelles, Bocas cdl Toro y en Colon Rio Indio y todo Colon.

Ya graduado de secundaria comenze a trabajar en la ciudad de Panama a la misma vez que iba a la Universidad a la facultad de Administracion Publica y Comercio en donde despues de un par de anos me traslade al Instituto Politecnico para especializarme en Sistematizacion.

Ya tenia mi propio carro que ya me permitia ir y venir a la ciudad de Panama cuantas veces quisiera. Estando trabajando en la Caja de Seguro Social donde trabajaba como Auditor, logre ganarmme una beca profundizar mis studios de Sistemas y Computtacion donde al terminar la beca con una de las mejores calificaciones logre que me trasladaran al departamento de Sistematizacion Electronica como Analista-Programador en donde permaneci alrededor de siete anos.

Ya especializandome en Sistemas y Procedimientos, acepte la posicion de Oficial en el Banco Latino Americano de Exportaciones en donde ejercia de asistente al Gerente de Computos, teniendo la responsabilidad de desarrollar e implementar una gran parte de los sistemas utilizados en el banco.

La gran experiencia obtenida en Bladex ano tras ano se agregaba a mi curriculum en forma muy positive. La calidad del personal que laboraba en Bladex era de muy alta calidad professional. A medida que pasaban los anos me tocaba adiestrar al personal Nuevo o a los ya con experiencia a los sistemas internos del banco.

Tuve la gran felicidad de encontrarme con un gran amigo que tambien trabajaba en el banco como Gerente luego ascendido a Vice-Presidente por su brillante carrera bancaria que me llenaba de mucho orgullo pues era mi amigo personal, era un Pana-Zona como yo, tambien de Santa Cruz en Gamboa, zona del canal que daba lo mejor de su experiencia bancaria y professional al Bladex, banco en que ahora trabajabamos juntos. Me refiero a mi gran amigo y hermano de crianza de Santa Cruz en Gamboa, en la zona del canal, Nelson Gonzalez(QDEP).

Una gran experiencia obtenida con las empresas privadas en donde los metodos y aplicaciones eran totalmente distintas a las oficinas publicas del gobierno, se abria un mundo totalmente diferente en el ambiente de las oficinas privadas.

Despues de muchos anos logro la Gerencia de Sistemas en La Colonial de Seguros, luego en La Internacional de Seguros y tambien me dedico a dictar clases como professor de varios materias de Lenguajes de programacion y en sistemas y procedimientos en Instituciones privadas y me dedico a dar asesoria a varios bancos de la empresa privada.

Ya en los finales de los anos setentas la economia y situacion politica de panama se hacia dificil laborar en las empresas privadas porque gran cantidad de negocios cerraron o se fueron de Panama por la forma en que los militares se imponian a las empresas privadas con sus decisions unilaterales.

Me veo obligado a emigrar a los Estados Unidos a principio de 1978 pero muy Seguro de progresar y seguir mi carrera en Sistemas, logro ganar la posicion de Gerente de Sistemas en la Cia. Metropolitan Mortgage en donde permaneci por un tiempo hasta lograr otra compania con mejor posicion y salario y me tralade a San Francisco en California en donde por 2 anos estuve a cargo de Sistemas en Kluster Cruise Lines en donde ya logro volver a estabilizarme con paso firme y progresivo asegurandome que ya era el momento de prepararr a mi familia en Panama para el traslado a los Estados Unidos y sabiendo que la compania en San Francisco seria trasladada a Miami en la Florida le mande el dinero a mi esposa Nelly Ruth para que comprara los boletos para ella y mis cuatro hijos ya dandole la fecha en que deberia viajar.

Yo tuve la gran suerte y el apoyo divino de haber podido tener a mis 3 hijos mayores en el Instituto Panamericano, totalmente bilinguies, lo cual cuando Llegaron e hicieron sus respectivos examines para la escuela, todos pasaron con notas sobresalientes por el Ingles y muchisimas gracias a la ensenanza de primera calidad lograda en el IPA. Mi hijo mas pequeno, Luis Enrique Cubilla Jr tenia la ventaja de comenar a estudiar por primera vez en los Estados Unidos.

De vuelta a Miami con la misma empresa de San Francisco, me mantengo con ellos por varios anos hasta que recibo oferta para Director de Sistemas de la Cia. Spantel en Miami con casa matriz en Pensilvania, en donde acepto la posicion permanente en donde me quedo por 8 anos en donde siempre tenia ofertas de trabajo, Decido entonces trabajar de consultor con las mejores ofertas y durante muchos anos ejerzo la posicion de consultor, viajando por todos los Estados Unidos inclusive ganandome la conversion de sistemas de la Cia. Maritima De Seguros en la ciudad de Panama para implementar y aplicar la conversion de sus sistemas al ano 2000 en adelante.

El trabajar como consultor era muy bueno economicamente pero me mantenia alejado de mi familia en Miami porque tenia que viajar a donde fueran los contraltos y el gasto se duplicaba porque tenia que cubrir mi casa y a mi familia en Miami y cubrir mis gastos y hoteles a donde tuviera que viajar, A pesar de que muchas veces regresaba cada 30 dias y dias feriados a mi casa en Miami, ya sentia la necesidad de estar mas tiempo con mis hijos acepte una oferta para permanente en Febrero del 2001 en Miami como consultor y analista/programador con la empresa Hellman Worldwide Logistics, con base en Miami pero tambien teniendo que viajar a Mexico y a todos los Estados en Estados Unidos.

Esta posicion me permitia estar mas tiempo con mi familia y todos los anos viajaba en vacaciones a Panama a ver a mi madre, hermanos y hermanas que siempre nos criamos muy unidos

En Agosto del 2006 decido ir a Panama por un fin de semana de 3 dias a una fiesta del IPA y el domingo 26 de Agosto a las 6am en casa de mi hermano Rolando me dio un derrame que me tuvieron que hospitalizar en el Hospital San Fernando donde estuve recluido por 15 dias hasta que mi esposa obtuvo la aprobacion del doctor para regresar a Miami.

Al regresar a Miami totalmente inutilizado de mi cuerpo de todo sentir y movimiento me bajaba la moral y rezaba y rezo siempre con toda mi fe y toda mi energia, dandole gracias Dios por mantenerme con vida y esperanza.

Ya en el hospital Baptist de Miami, durante 20 dias estuve en terapia fisica y emotive, de habla y del cerebro en la cual confirmaron los medicos que mi habla, mi cerebro y mis recuerdos no habian sido afectados pero si el responder de mi pierna y brazo derecho y que el tiempo se encargaria de mostrar cuanta recuperacion podia suceder mediante constante terapia Fisica y emotiva.

Seis meses despues de mi tratamiento los doctores se apersonaron al area y oficinas de mi trabajo y despues de una revision de las condiciones de trabajo Le informaron a la empresa que ya podian permitir mi regreso al area de trabajo. Todos muy contentos me aceptaron y yo me acostumbre a hacer todo lo que hacia con el lado derecho de mi cuerpo a hacerlo y dominar mi trtabajo con el lado izquierdo, la cual pudieron confirmer que mis habilidades de mi cerebro no habian sido afectadas y que yo seguia siendo el mismo pero trabajando con mi lado izquierdo.

Asi continue trabajando todos los dias hasta el mes de mayo del 2009 fecha en que fui retirado acogiendome a mi jubilacion.

Hoy dia jubilado, hago trabajos de consultor en linea y doy Gracias a Dios por permitirme estar con vida, recuperandome cada dia, dando cada paso que doy siempre con mi Dios y mi Fe por delante de mi, gozando y amando a cada uno de mis hijos y a mi esposa que hasta el dia de hoy es mi enfermera, mi consejera, mi doctora, mi cocinera, mi novia, mi esposa y que junto con mis hijos supieron sopportar y afrontar los malos momentos, Gracias Dios mio, Gracias Nelly Ruth, Gracias Jair Enrique, Karla Esther, Erika Isabel y gracias Luis Enrique Jr., muy orgulloso de todos y de cada uno de ustedes, Gracias, ayer, hoy y manana….Gracias por siempre.

La ira surgia en los anos de los 1960 y se originaron protestas, huelgas y marchas anti-americanos. Ya el 9 de Enero de 1964, las marchas y protestas de los estudiantes panamenos tomo un giro bien agresivo contra los estudiantes panamenos, cuando un grupo de estudiantes panamenos marcharon por la Zona del Canal hasta la escuela secundria de Balboa de los americanos, queriendo izar la bandera panamena en el asta donde ondeaba la bandera Americana al frente del colegio Americano, cuando un grupo de estudiantes americanos arrebataron la bandera panamena y la rompieron a pedazos, provocando el enfrentamiento de los panamenos contra los americanos. Este enfrentamiento duro todo el dia a lo largo de la avenida 4 de Julio, tomando parte la policia Americana y el ejercito Americano que disparaban contra los panamenos. Ya en la tardecita se sabia de un estudiante panameno muerto por el ejercito americano que resulto ser Ascanio Arosemena, de la Profesional. Con mucho pesar y dolor escuchabamos las noticias de panama en una radio portatil que tenia para oir noticias de panama, escuchaba los gritos de protestas y alarma de los estudiantes panamenos que estaban siendo atacados por los estudiantes americanos, policias americanos y por el ejercito Americano.

Enorme fue mi preocupacion al saber que esto era muy peligroso para los estudiantes panamenos que enfrentaban a los americanos. claramente la total desventaja a que se presentaban los estudiantes panamenos los ponia en peligro de muerte pero el fervor patriotico ardia con tanta fuerza que no importaba la gran desventaja que teniamos los panamenos.

Llame a cuatro amigos en Santa Cruz en Gamboa y les pedi que me ayudaran a poner la bandera panamena en senal de protesta en el cuadro de beisbol de los americanos en la noche en senal de apoyo a los estudiantes panamenos y en son de luto y protesta por la muerte de Ascanio Arosemena.

Sucesos del 9 de Enero de 1964

A medida que crecia la ira por la forma en que los panamenos eran impedidos de entrar a la Zona del Canal, crecia el patriotism en la ciudad de Panama yo para entonces comprendia claramente la situacion y el sentir de los panameno de estar marginados en nuestra propia tierra, con la opression y poco importar de los americanos, pense que de alguna manera tenia que hacer algo por mi patria y para que se sintiera en Santa Cruz de Gamboa, que Panama era soberana en todos los territories del istmo. Ya era de noche del 9 de Enero de 1964, eran como las 9:30PM, y comenze a llevar a cabo mi plan de izar la primera bandera panamena en Gamboa Zona del Canal en el campo de juego de los Americanos pero tenia el gran problema de tener que hacer una bandera panamena con mis propias manos, con la ayuda de mis hermanas y 4 amigos de Santa Cruz, Juan H. Labrador, Rafael Villalta, Julio Cisneros y Francisco Vitola(QDEP), Y mi persona(LuisCubilla).

A las 11:50PM del 9 de Enero de 1964, cogi una sabana blanca de mi casa, una blusa azul de mi hermana Luz, una blusa roja de mi hermana Lydia, y las corte con tijeras y mi hermana Luz cosio en la sabana blanca el pedazo azul y el pedazo rojo y yo corte las estrellas azul y roja y mi hermana termino cosiendolas en su debida posicion. Luego mis amigos y yo fuimos al cuadro de pelota alrededor de las 2:30AM de la madrugada y yo me trepe al asta de 20 pies de alto, ayudado por Juan Labrador, Francisco Vitola(QDEP) y Rafael Villalta mientras Julio Cisneros vigilaba que no se acercara ningun policia Americano de la Zona del Canal. Reconozco que no fue nada facil por el fuerte viento que hacia pero con la ayuda de mis amigos coloque la bandera hecha a mano y a media asta en senal de duelo por los caidos del 9 de Enero de 1964

Nos pusimos de acuerdo los 5 amigos y acordamos que nadie deberia decir nada ni quien puso la bandera para que los americanos no tomaran represalias contra nosotros ni nuestros padres pues todos nuestros padres trabajaban en la Zona del Canal. Tambien acordamos que estariamos presentes en el cuadro de pelota de los americanos a las 8AM y que deberiamos pretender que estabamos jugando pelota en el cuadro Americano y que no sabiamos como o quien puso la bandera.

Asi lo hicimos.y logramos llamar a todos los amigos latinos y negros que a menudo jugabamos pelota y formamos 2 equipos y nos pusimos a jugar beisbol.

De repente alrededor de las 8 y media de la manana comenzaron a llegar las patrullas de la policia americana, llegaron los bomberos con sirenas y preguntaban a todos quien habia hecho eso y todos dijimos que no sabiamos, los carros de la policia y los bomberos hacian mucho escandalo con sus luces y sirenas y comenzaron a llegar al cuadro todas nuestras madres, hermanas, hermanos, amigos, negros y blancos de la comunidad de santa cruz, a la misma vez comenzaron a llegar los residents americanos de Gamboa con rifles y armas de toda clase, y practicamente nos rodearon y nosotros agarrabamos bates, bolas y piedras para defendernos si fueramos atacados, pero Gracias a Dios, al ver los policias americanos, que nadie decia nada, le pidieron a los bomberos que levantaran una escalera de uno de los carros bomba y que bajaran la bandera.

Al comenzar los bomberos a quitar y bajar la bandera panamena todos los que estabamos en el cuadro y todas nuestras madres, hermanos y hermanas y negros y latinos nos pusimos la mano en el pecho y se puede decir que todos, absolutamente todos teniamos la mano en el pecho y casi todos cantabamos el himno nacional de panama. Los bomberos americanos, al ver nuestra reaccion al ver bajar la bandera panamena, cuando llegaron al suelo con la bandera panamena, la doblaron varias veces mostrando mucho cuidado y respeto y se la llevaron.

Lo que sucedio despues fue que mis 4 amigos y yo. no dijimos nada a nadie para no perjudicar a nuestros padres y con mucho orgullo puedo decir que los residentes de santa cruz de Gamboa, en su gran mayoria latinos panamenos y tambien muchos panamenos de la raza negra nos apoyaron y se portaron como panamenos de verdad, muy orgullosos de ver la bandera panamena ondear a media asta. ondeandose con mucha fuerza por el viento fuerte que parecia tambien protestar por el atropello a los estudiantes panamenos.

Claro esta que muchos de los residents de Santa Cruz sabian que yo era el responsable de esta hecho pero tambien guardaron silencio en senal de apoyo a nuestra protesta, y para proteger el trabajo de nuestros padres que en ese momento se volvia muy peligroso por La investigacion que iniciaron los americanos tratando de localizer a los culpables y aplicar sanciones.

Nosotros los Pana-Zona de ese momento y todos los que en realidad sabian quien era el precursor de esta protesta y quienes me habian acompanado callaron honrosamente para tambien proteger a nuestros padres a no perder sus trabajos.

A continuacion paso a nombrar a los cinco Pana-Zona que que logre reunir y que me ayudaron a cortar las blusas y faldas de mis hermanas y a cortar y coser en la sabana blanca los colores y las estrellas de nuestra bander panamena.

Organizador principal Luis Enrique Cubilla Sanchez, lleno de patriotismo penso que no podiamos permanecer callados por estar tan lejos de la ciudad de Panama

Y decidio reunir a varios amigos para que juntos demostraran su protesta por el desigual atropello y muerte de Ascanio Arosemena, haciendo el mismo la bandera panamena con blusas y faldas de sus hermanas y una sabana blanca, con la ayuda de sus amigos.

Juan Humberto Labrador Vasquez(Beto)

Beto, como carinosamente le deciamos, era del Instituto Nacional de la ciudad de Panama y companero y amigo del grupo de los 5 Pana-Zona que izaron la bandera panamena en el cuadro de besbol Americano.

Muy dedicado a sus studios decidido a terminar sus studios en la Universidad de Panama donde al graduarse ha continuado como Profesor de Economia.

Francisco (Chicho) Vitola (QDEP) Chicho gran amigo y hermano del grupo de los 5 Pana-Zona de Gamboa que izaron la bandera panamena en el cuadro de beisbol de los americanos. Siempre lo recordamos por lo gentil y decente que era siendo muy querido y apreciado Por todos los residents de Santa Cruz y de Gamboa.

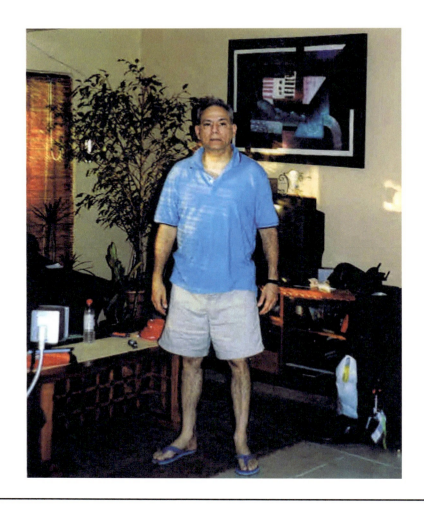

Rafael (Pepe) Villalta integrante del grupo de los 5 Pana-Zona que izaron La bandera panamena en el estadio de beisbol de los americanos en Gamboa Zona del Canal el 10 de Enero de 1964.

Pepe hizo su primaria en Gamboa Elementary terminabdo en Santa Cruz Elementary y su secundaria en Paraiso High School donde se graduo y emigro a los Estados Unidos donde studio Administracion de Negocios logrando trabajar en varias companias importantes permaneciendo en la ultima por 42 anos donde hoy dia esta retirado.

Julio Cisneros Pana-Zona integrante del grupo de los 5 amigos y vecinos que izaron la bandera panamena en el cuadro de beisbol de los americanos en Gamboa zona del canal el 10 de Enero de 1964. Julio hizo su primaria en Gamboa Elementary School y su secundaria en el Colegio San Vicente de Paul en la ciudad de panama donde se graduo de Bachiller en Comercio siguiendo en la Universidad de Panama.

Victor Mite, Luis Cubilla y Julio Cisneros, Pana-Zona que viveron muy unidos como latinos panamenos en Santa Cruz en Gamboa soportando la epoca de racismo y segregacion

Los Estados Unidos y el gobierno panameno comenzaron a trabajar juntos en busca de una solucion al problema territorial en 1977. El Presidente Americano Jimmy Carter firmo un tratado que acordaba regresar el 60% de la Zona del Canal a Panama en 1979. El canal y demas territorio que quedaba, conocido como Area del Canal, fue regresado a Panama al mediodia (hora de Panama) el 31 de Diciembre de 1999

Pana-Zona que aportaron y dedicaron su Corazon al progreso politico economic y social y de la Republica de Panama. Pido disculpas por la gran cantidad de nombres que no aparecen y con mucha dedicacion fueron tambien grandes aportadores de sus ensenanzas y profesion.

Lic.Hermelinda Fuentes	Dra. Mayra Troya	
Lic. Alcides Howard	Lic. Inelda Howard	Enf. Amalia Howard
Arq. Luz Cubilla	Lic. Gladys Cubilla	Lic. Lydia Cubilla
Ing. Luis Cubilla	Lic. Mirna Cubilla	Lic. Rolando Cubilla
Lic. Emilio Rivera	Lic. Salvador Rivera	Lic. Marisin Rivera
Ing. Rene Jethmal	Dr.Ezequiel Jethmal	Lic.Lorena Jethmal
Lic.Nelson Gonzalez(QDEP)		Dr. Luis Ramos(QDEP)
Lic,Juan H.Labrador	Dr. Vladimir Espinosa	Dr. Luis DeGracia
Lic.Troadio Fernandez	Pastor Antonio Rodriguez	Pastor Matias Solis
Lic. Kerima Troya(QDEP)		Dr.Ezrquiel Jethmal
Enf. Mayra Icaza	Lic, Annie Icaza	Lic.Victor Mite
Banco Francisco Vitola	Lic. Novencida Hinojosa(QDEP)	
Banco Ramiro Degracia	Banco Nelson Mera	Banco Jr Sandoval
Banco Rolando Ruiz	Banco Victor Cisneros	Banco Hector Pacheco
Lic.Mario Ramos	Enf Mariela Hoyte	Lic.Didimo Sanchez
Lic. Adolfo Bedoya	Papy Frias	Alfredo Coco
Quichi Robinson	Juan A. Espinosa	Lic. Vladimir Espinosa
Lic, Aristobolo Castillero		Hilda Coco
Pedro Coco(QDEP)	Hilda Coco	Nellie Ruiz
Marcos Aviles	Aristides Perez	Aladino Rodriguez(+)
Francisco Vitola(QDEP)	Emilio Cooper	Antonio Hinojosa

Printed in the United States
By Bookmasters